1頭の種牡馬の凄いクセをつかむだけで1千万円稼ぐ

双馬毅
Tsuyoshi SOMA

Contents

chapter 2

種牡馬の凄いクセ

chapter 3

狙い方のまとめと応用

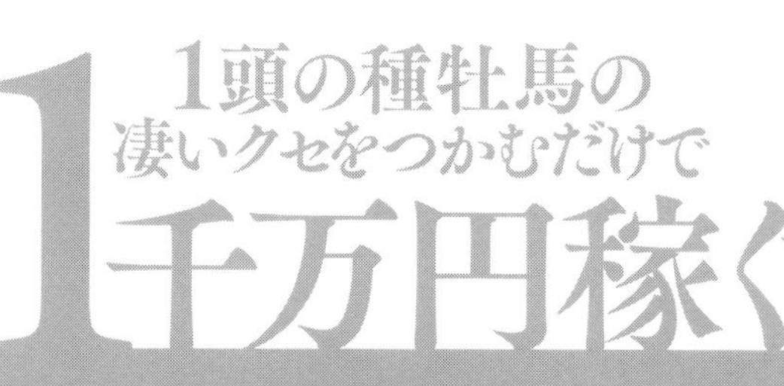

chapter 0

1頭の種牡馬のクセがわかれば十分に稼げる

種牡馬のクセに焦点を当てた理由

本書は私の著書としては通算6冊目になります。

過去の5冊では、馬のクセ、馬場のクセ、コースのクセ、近走の不利を見て高配当を獲る方法について解説してきましたが、本書では「種牡馬のクセ」に焦点を当てることにしました。種牡馬のクセを頭に入れておけば個々の馬のクセを見抜く際にも、効率的かつ正確に判定することができるからです。実際に、私も血統で大まかなイメージをつかんでから、各馬の得意・不得意を考えています。

ただ、そうは言っても種牡馬は何百頭もいます。一般の競馬ファンの皆さんに「全部覚えてください」と言うわけにはいかないでしょう。そこで本書では、主要種牡馬とクセの強い種牡馬だけをピックアップすることにしました。もしかしたら「それでも多い」と思われる方もいるかもしれません。そういう方は本書のタイトル通り、1頭の種牡馬のクセだけを覚えてください。それだけでも十分に儲けられるということを以下で証明したいと思います。

タイキシャトルだけで毎月100万円

2019年3月2日の小倉5R。私は母父「タイキシャトル」のテイエムマイスターで128万馬券を的中し、386万2290円の払い戻しを得ました。この的中は雑誌「競馬王」でも紹介し、「タイキシャトルは『短

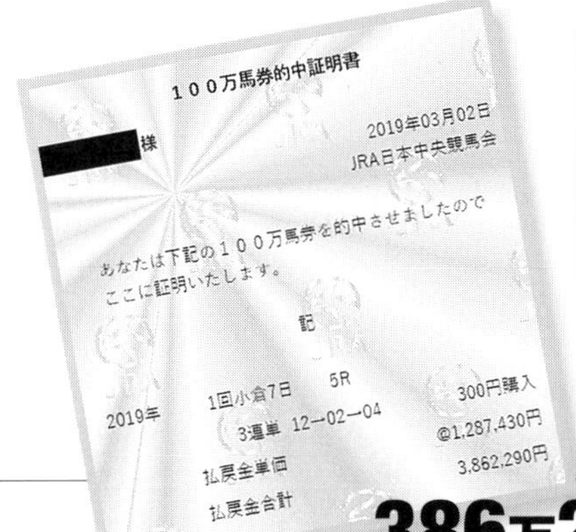

１００万馬券的中証明書

様

2019年03月02日
JRA日本中央競馬会

あなたは下記の１００万馬券を的中させましたので
ここに証明いたします。

記

2019年　1回小倉7日　5R　300円購入
3連単　12−02−04
払戻金単価　@1,287,430円
払戻金合計　3,862,290円

2019年3月2日 小倉5R
3歳未勝利 芝1800m良

着	馬名	強調理由	人気
1	⑫ジェンメオ		9
2	②スターオブバラード		4
3	④テイエムマイスター	母父タイキシャトル×短縮	16

単勝／3,170円　複勝／540円 260円 7,570円
枠連／1,570円　馬連／12,790円
ワイド／3,200円 41,570円 20,520円　馬単／28,770円
三連複／339,500円　三連単／1,287,430円

386万2290円払い戻し!!

2019年4月13日 中山3R
3歳未勝利 ダ1200m稍重

着	馬名	強調理由	人気
1	②ベアクアウフ		2
2	⑩ソルパシオン	母父タイキシャトル×短縮×外枠	6
3	⑪マリノリヴィエール	母母父タイキシャトル×外枠	11

単勝／390円　複勝／180円 490円 3,100円
枠連／2,880円　馬連／2,910円
ワイド／990円 11,130円 37,050円　馬単／4,890円
三連複／171,660円　三連単／563,300円

１０万馬券的中証明書

様

2019年04月13日
JRA日本中央競馬会

あなたは下記の１０万馬券を的中させましたので
ここに証明いたします。

記

2019年　3回中山7日　3R　100円購入
3連単　02−10−11
払戻金単価　@563,300円
払戻金合計　563,300円

56万3300円払い戻し!!

縮ローテ』を狙え」と解説しました。

そして、4月もタイキシャトルの短縮を狙い、100万円以上の払い戻しを手にしました。1頭の種牡馬のクセを覚えるだけで短期間で500万円以上を儲けたのです。

改めて説明しますが「短縮ローテ」とは「今回、前走よりも短い距離に出走するローテーション」のことです。4月13日の中山3Rも、母父「タイキシャトル」で「短縮ローテ」のソルパシオンをホームページで公開している予想で本命に推奨し、3連単56万3300円を的中させました（予想公開については巻末を参照《双馬　競馬》で検索）。

ソルパシオンの前々走は芝1400m。前走はダート1800m。前走は初のダートで12着に敗れましたが、敗因は延長ローテでした。タイキシャトルの血を持つ馬は短縮ローテが得意な馬が多い半面、延長ローテを苦手とする馬が多いのです。

私はホームページで全出走馬の過去の全レースも分析しているのですが、ソルパシオンの前走は、本来の能力よりも力を発揮できない「不利」と判定していました。前走はタイキシャトルの苦手な延長ローテ。今回は得意な短縮ローテ。大幅にパフォーマンスを上げられる状況だったのです。

また、タイキシャトルの血を持つ馬には砂をかぶるのが苦手な馬が多いという特徴もあります。砂をかぶりやすい内枠で凡走し、逆に砂をかぶりづらい外枠で能力を発揮する。そのようなクセもあります。ソルパシオンは前走が1枠1番、今回が外枠だったので、短縮ローテに加えて枠も有利でした。

このレースでは、同じくタイキシャトルのクセを利用して11番人気3着のマリノリヴィエールも相手に選びました。母系（母母父）にタイキシャトルを持つ馬で、前走は内枠で凡走、今回は得意の外枠でした。

短縮のタイキシャトル
ダートでは外枠のタイキシャトル

この2つのクセを知っているだけで56万馬券の的中はグッと近づくのです。

まだまだ続くタイキシャトル祭り

これだけではありません。翌日もタイキシャトル狙いで100万円近

１０万馬券的中証明書

様

2019年04月14日
JRA日本中央競馬会

あなたは下記の１０万馬券を的中させましたので
ここに証明いたします。

記

2019年　1回福島4日　6R　100円購入
3連単　05−11−10　@926,750円
払戻金単価　926,750円
払戻金合計

2019年4月14日 福島6R
3歳未勝利 ダ1700m稍重

着	馬名	強調理由	人気
1	⑤カウンターエア	父オルフェ×ダ替わり×短縮	10
2	⑪クラウドスケープ		1
3	⑩フィストバンプ	母父タイキシャトル×短縮×外枠	14

単勝／2,920円　複勝／730円 140円 3,190円
枠連／460円　馬連／5,740円
ワイド／1,970円 37,330円 5,610円　馬単／7,200円
三連複／190,990円　三連単／926,750円

92万6750円払い戻し!!

くを稼ぎます。

4月14日の福島6R、3歳未勝利のダート1700m戦。3連単92万馬券の大波乱となったこのレースをホームページで公開している情報で的中させました。

このレースで92万馬券の立役者となったのは、単勝241倍の14番人気ながら3着に走ったフィストバンプ。同馬の母父も「タイキシャトル」でした。同じ解説になってしまいますが、フィストバンプの前走は1800m。今回はタイキシャトルが得意な「短縮ローテ」。さらに前走は苦手な内枠。今回は得意の外枠です。タイキシャトルのクセを利用するだけで100万円が転がり込んだのです。

このレースを勝ったのは10番人気のカウンターエアでした。前走は芝2000m。「ダート替わり」と「短縮ローテ」に該当していました。カウンターエアは父がオルフェーヴルで母父がストームキャット。オルフェーヴルはダート替わりと距離短縮を苦手としない馬が多いというクセを持ちます。加えてカウンターエアはきょうだいもダート馬。距離短縮とダート替わりがプラスと判断するのが自然でしょう。

必殺技!! デインヒルの芝替わり

続いて、デインヒルのクセで当てたレースを見ていきましょう。

デインヒルはヨーロッパ、オーストラリアで何度もリーディングサイヤーを取り、日本でも芝のGⅠ勝ち馬を出したように、芝向きの世界的名血統です。しかし、日本ではダートを使われることも多く、ダートから芝替わりが穴パターンになっています。

デインヒルの血を持つ馬がダートのレースを使われてしまう主な理由は次の2点です。

①サンデーサイレンス系種牡馬には直線でキレ負けしやすい
②筋肉量の豊富な産駒が多く、調教でもパワーを感じさせるコメントが多い（関係者もパワーがあるとコメントする馬が多い）

たしかに、デインヒルの血を持つ馬は筋肉量が豊富な馬が多いのですが、そのほとんどはダートには向いていない馬なのです。やはりデインヒルが世界的に活躍しているのは芝だからです。

また、ダート適性自体がない馬の他に、砂をかぶることを苦手とする馬も多くいます。よって、ダートの内枠で砂をかぶると走る気をなくして惨敗する馬も目立ちます。

だからこそ「ダートで惨敗した後の芝」がおいしいのです。

ダート惨敗からの芝替わりが絶好の狙い目

2019年2月16日のかささぎ賞で15番人気3着に好走したブルベアオーロは、父キンシャサノキセキ、母父が「デインヒル」です。

小倉芝1200mで新馬勝ちをし、小倉2歳Sで9着に負けた後、1400m、2000m、1400mと距離を変えていきますが、結果が出ませんでした。そして、陣営は6戦目となる2月2日にダート1200mを試したのです。結果は2秒2差の11着。

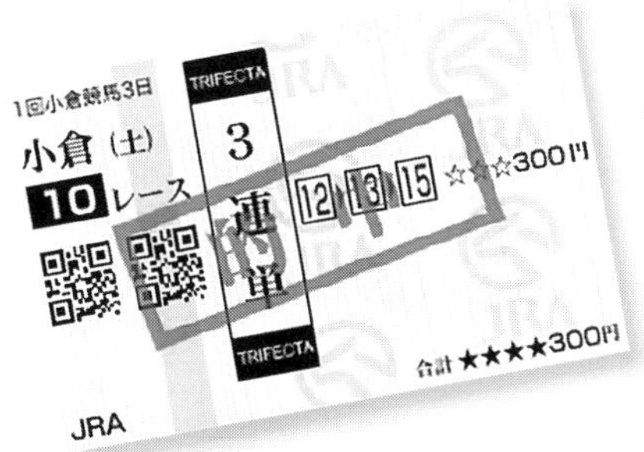

2019年2月16日 小倉10R
かささぎ賞 芝1200m良

着	馬名	強調理由	人気
1	⑫ラミエル		2
2	⑬グッドレイズ		3
3	⑮ブルベアオーロ	母父デインヒル× 芝替わり	15

単勝／570円　複勝／210円 230円 1,590円
枠連／1,360円　馬連／1,730円
ワイド／710円 4,650円 5,240円　馬単／3,240円
三連複／21,920円　三連単／87,280円

26万1840円払い戻し!!

ダートでの惨敗が影響し、中1週で小倉芝1200mを使ったときには15番人気まで評価を落としました。この「デインヒルの芝替わり」こそが絶好の狙い目なのです。

私は新馬戦の内容からブルベアオーロの能力は高いと思っていました。ただし「高い能力を発揮するには注文が多いタイプ」とも見ていました。

この馬の短所のひとつに「スタートから押していくと引っかかってしまう」ことがあります。1400m、2000mでは制御がきかず競馬になっていませんでした。しかし、芝1400m、2000mで出した欠点も小倉の1200mに変われば克服できる、とレース前に予想しました。

小倉芝1200mはJRAの中でも一、二を争うぐらいハイペースで進むコースです。ブルベアオーロも折り合いをつけやすくなります。加えて上がりがかかる流れになりやすいことも「デインヒルの血」には絶好の条件だったのです。

なお、2018年夏の小倉芝は近走ダートを使われていた馬が穴馬券をたくさん出しました。これは間違ってダートを使われてしまうような「上がりのかかる芝」を得意とする馬が走りやすい馬場とコースだからです。
その後、ブルベアオーロは私の見立て通りに1200mを使われ安定した成績を残しています。「陣営が適性をつかみかねている馬」の一変を狙えるのも「血統」と「ローテーション」分析のおいしい点です。

後がない3歳未勝利は芝替わり激走の宝庫

2017年8月6日の小倉7Rで7番人気3着に好走したピオニームーンは、母父が「デインヒル系」のHoly Roman Emperorです。
夏の3歳未勝利は勝ち上がらなければ後がないという状況。そこで多く見られるのが「一度ダートを使ってみよう」というパターンです。とくに芝で4、5着に負けているようなキレ味が足りないタイプは「ダートを試したい」と思われやすいのです。
キレ勝負の芝で敗れてしまうデインヒルの血を持つ馬の「ダート失敗」のケースが増える時期というわけです。
ピオニームーンは、陣営もいよいよ焦り始めた6月にダート1800mを使いました。芝での善戦が評価され2番人気に推されますが、やはり芝馬です。砂をかぶり終始後方のまま2秒9差の12着に敗退したのです。
これだけツラい思いをした後に、芝に戻れば一気に楽に感じます。小倉芝2000mに出走したピオニームーンは、気持ち良さそうに3コーナーからマクって行き3着に好走しました。
また、このレースを勝ったパリンジェネシスもダートから芝替わりの馬でした。ピオニームーンと同じように、芝で5着、7着ともうひとつで、ダートを試されました。
パリンジェネシスの母母父はパーソロン。この血統もデインヒルと同じで「芝替わりの注目血統」のトウルビヨン系です。トウルビヨン系の血を母系に持つ馬はデインヒル系と同じように「ダートが苦手で、上がりのかかる芝が得意」な馬が多いのです。
また、メジロ牝系、シンボリ牝系はトウルビヨン系の血を持つ繁殖

１０万馬券的中証明書

様

2017年08月06日
JRA日本中央競馬会

あなたは下記の１０万馬券を的中させましたので
ここに証明いたします。

記

2017年　2回小倉4日　7R
3連単　15―07―12　1,500円購入
払戻金単価　@219,200円
払戻金合計　3,288,000円

2017年8月6日 小倉7R
3歳未勝利 芝2000m良

着	馬名	強調理由	人気
1	⑮パリンジェネシス	母母父トウルビヨン系芝替わり	8
2	⑦ライトオブピース		2
3	⑫ピオニームーン	母父デインヒル系芝替わり	7

単勝／3,200円　複勝／760円 180円 530円
枠連／800円　馬連／5,700円
ワイド／1,710円 8,340円 1,320円　馬単／13,600円
三連複／36,710円　三連単／219,200円

328万8000円払い戻し!!

が多いため「上がりがかかる芝」が得意で「ダートが苦手」な馬が出やすい傾向にあります。メジロ、シンボリの名が入っている繁殖牝馬の「芝替わり」も注目しましょう。

結局、このレースは芝替わりの人気薄が1、3着に好走。3連単は21万9200円となります。私は1500円買っていたので払い戻しは328万8000円でした。

「デインヒルとトウルビヨンの芝替わり」を知っているだけで300万円以上儲けることができました。

デインヒルの芝替わり激走はいくらでも出てくる

2017年4月22日の伏拝特別で10番人気3着に好走したトーセンアルバータはデインヒルの本場とも言えるオーストラリア産馬で、母父のFlying Spurがデインヒル系。

浦和からの転厩後、一度中京芝1600mを使いますが、延長ローテに加えて道中が緩く、上がりが速い中京芝1600mでの初芝はさすがにツラかったようです。しかも、このときは内前有利の馬場で、枠順の不利もありました。

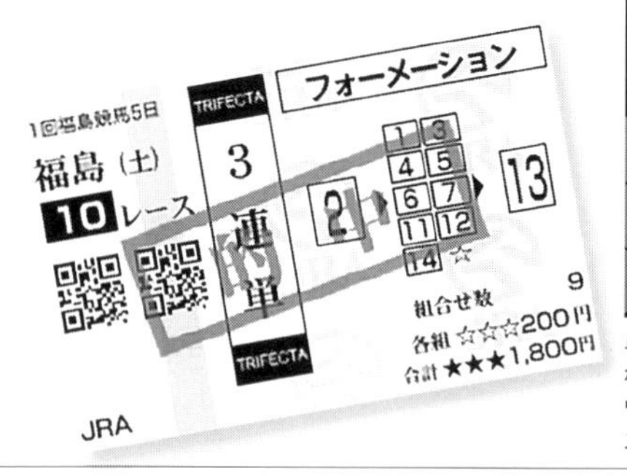

2017年4月22日 福島10R
伏拝特別 芝1200m良

着	馬名	強調理由	人気
1	②ミスドバウィ		2
2	⑭ベリースコール		4
3	⑬トーセンアルバータ	母父デインヒル 芝替わり	10

単勝／390円　複勝／200円 210円 1,590円
枠連／1,650円　馬連／1,660円
ワイド／630円 2,900円 4,820円　馬単／2,890円
三連複／22,600円　三連単／82,760円

16万5520円払い戻し!!

次走では、地方で結果を残していたダート短距離を使ってみようとなるわけですが、道中で砂をかぶるのを嫌がってズルズルと下がり、2秒5差の15着に負けてしまいます。地方では全てのレースで逃げていたため砂をかぶることがありませんでしたが、やはり本質は芝馬だったのです。

そして、芝1200mに変わった転厩3戦目。10番人気3着と激走します。このときも勝ち時計は1分9秒7と時計がかかっていました。

もう、しつこいぐらい同じ話になりますが「デインヒルの血」を持つ馬はダートで惨敗すると一気に人気を落とします。このように「デインヒルの芝替わり」で穴馬券を獲れる話は、探せばいくらでも出てくるのです。

いかがだったでしょうか？ タイキシャトルのクセだけでも、デインヒルのクセだけでもこれだけ儲けることができるのです。

本書では多数の種牡馬のクセを解き明かしていますが、最初は使いやすそうなパターンに絞って実践していくのもいいかもしれません。次ページ以降にそれぞれのパターンを一覧にしておきますので、ぜひ参考にしてください。

種牡馬のクセ INDEX

＊は例外あり

種牡馬	クセ	掲載ページ
キンシャサノキセキ	芝では「短縮失敗後の同距離や延長ローテ」でタフな馬場が向く ダートでは「砂をかぶらない外枠の馬」で、軽い馬場であればなおよし ダートから芝替わりの期待値も高い	51,108
クロコルージュ（母父）	延長ローテが得意	51
ケイムホーム	ダートの高速馬場（前残り）の注目血統	141
ゴールドアリュール	サンデー系が走れるダートなら強い 東京や京都など、軽い馬場の方が得意 ダート替わりの注目血統	102,153
ゴールドシップ	延長ローテが得意	51
コマンダーインチーフ（母父）	延長ローテが得意	51
コンデュイット	延長ローテが得意	51
サーゲイロード系（母父）	芝替わりの注目血統（主にハビタットの血）	153
サウスヴィグラス	短縮ローテ、揉まれない、先行できるタイミングで走る	110,131
サザンヘイローの血	芝の高速馬場の注目血統	141
サマーバード	ダートの高速馬場（前残り）の注目血統	141
父サンデーサイレンス系	ダートの高速馬場（差し）の注目血統	141
ジャスタウェイ	短縮もこなす馬もいるが、馬券的妙味は延長にあり	51,126
スキャターザゴールド（母父）	延長ローテが得意	51
スズカマンボ	延長ローテが得意	51
ステイゴールド	サンデー系のなかでもパワー色が強く、タフな馬場への適性が高い 一番の狙いどころはタフな馬場 小回り適性が高く、中山、阪神内回り、ローカルに強い	82
ストームキャット系*	芝の高速馬場の注目血統	141
スマートファルコン	ダート替わりの注目血統	153
タートルボウル	ダート替わりの注目血統	153
タイキシャトル（母父含む）	芝替わりと短縮ローテだけで、高配当にありつける ダートで狙う場合は、外枠なら買い、内枠なら消し	4,132
ダイワメジャー	4～5ハロンの持続力勝負が得意 楽に先行するよりも、厳しく先行したほうがパフォーマンスが上がる 短縮ローテが得意で、延長ローテが苦手	86

※○○の血と表記している馬は、その血を持っている馬のこと。

種牡馬のクセ INDEX

種牡馬	クセ	掲載ページ
プリサイスエンド	短縮ローテが得意	131
プリンスリーギフト系（母父含む）	芝替わりの注目血統	153
ヘニーヒューズ	逃げ差し問わず、短縮ならいつでも狙える 短縮好走後の同距離や延長で嫌う ダートの高速馬場（前残り）の注目血統	120,131,141
ボールドルーラー系	芝の高速馬場の注目血統	141
ホワイトマズル（母父含む）	延長ローテが得意	51
マリエンバード	延長ローテが得意	51
マンハッタンカフェ	馬体が大きく、不器用で、馬群に揉まれると弱い馬が多々見受けられる 母系がアメリカ血統でスピードタイプの場合は短縮向き 母系がヨーロッパ血統の場合は延長もこなす 母系がダート血統であればダートで走るが、内枠を引いたら大きく割引	104
ミシル（母父）	延長ローテが得意	51
メイショウサムソン	延長ローテが得意	51
メジロマックイーン（母父）	延長ローテが得意	51
ヨハネスブルグ	延長ローテが得意 ダートの高速馬場（前残り）の注目血統	51,131,141
ルーラーシップ	仕上がり遅く、距離が長くないと持ち味を発揮できない 持続力を活かせるローカルの芝2600mや、初の2400mでの一変に注意 新潟芝外回りで注目	90
ロードカナロア	得意不得意はないが、初めての経験や劇的な変化には弱い 高速馬場適性が高い	94
ワークフォース	延長ローテが得意	51
ワイルドラッシュの血（母父含む）	ダート替わりの注目血統	153
米国型ストームキャット系（母父含む）	ダート替わりの注目血統	153
米国型ミスプロ系	芝の高速馬場の注目血統	141
Affirmed	延長ローテが得意	51,131
Caerleon	芝替わりの注目血統	153
Capoteの血（母父）	ダート替わりの注目血統	153
Chief's Crown	延長ローテが得意	51

延長ローテが得意な血統

詳細はP51

父

アイルハヴアナザー
ウォーエンブレム
エンパイアメーカー
オレハマッテルゼ
キャプテンスティーヴ
キンシャサノキセキ
ゴールドシップ
コンデュイット
スズカマンボ
チーフベアハート
チチカステナンゴ
ディープスカイ
デュランダル
ドリームジャーニー
ネオユニヴァース
ノヴェリスト
ハーツクライ
ハービンジャー
フォーティナイナーズサン
ホワイトマズル
マリエンバード
メイショウサムソン
ヨハネスブルグ
ワークフォース

母父

アサティス
エルコンドルパサー
オジジアン
クロコルージュ
コマンダーインチーフ
スキャターザゴールド
ホワイトマズル
ミシル
メジロマックイーン
El Corredor
Forestry
Fusaichi Pegasus
Marquetry
Monsun

血

Affirmed
Chief's Crown
Damascus
Silver Hawk

高速馬場が得意な血統 詳細はP138

芝

ヴァイスリージェント系	ストームキャット系*	In Reality
キングマンボ系	ボールドルーラー系	
サザンヘイローの血	米国型ミスプロ系	

前が止まらないダート

エンパイアメーカー	キングカメハメハ	サマーバード	ヘニーヒューズ
カジノドライヴ	ケイムホーム	パイロ	ヨハネスブルグ

差しが決まるダート

サンデーサイレンスの血を持つ馬	キングカメハメハ

芝替わりが得意な血統 詳細はP152

父

カロ系(主にコジーンの血)	デインヒル系	フェアリーキング系
タイキシャトル	トウルビヨン系	プリンスリーギフト系

母父

アンバーシャダイ	タイキシャトル	デインヒル系	プリンスリーギフト系
カロ系(主にコジーンの血)	タマモクロス	トウルビヨン系	Caerleon
サーゲイロード系(主にハビタットの血)	ダンシングブレーヴ	フェアリーキング系	

ダート替わりが得意な血統 詳細はP152

父

ヴァイスリージェント系	ゴールドアリュール	フォーティナイナー系	米国型ストームキャット系
エーピーインディー系	スマートファルコン	ブライアンズタイムの血	Saint Balladoの血
カネヒキリ	タートルボウル	ワイルドラッシュの血	

母父

アジュディケーティング	エーピーインディ系	フォーティナイナー系	米国型ストームキャット系
アフリート	クラフティプロスペクターの血	ブライアンズタイムの血	Capoteの血
ヴァイスリージェント系	ディアブロ	ワイルドラッシュの血	Saint Balladoの血

※馬場替わりの注目血統のより詳しい分類は双馬毅のブログ(https://ameblo.jp/batubatu-soma/)をご覧ください。

chapter 1

双馬式馬券術の基礎知識

1頭の種牡馬の
凄いクセをつかむだけで
1千万円稼ぐ

chapter 1

競走馬が発揮できる能力は前走経験で変わる

前走よりも楽に感じるとパフォーマンスが上がる

本書のテーマは種牡馬のクセをつかむことですが、この章では大前提の知識として、私が考える競走馬の好走・凡走のメカニズムを解説しておこうと思います。私の著作の中では毎回書いていることではありますが、残念ながらいまだに競馬ファンの多くはこのメカニズムを知りませんし、仮に知っていたとしても信じていない、馬券に活かしきれてないという人が大多数であるというのが現状です。きっとこのメカニズムを知ることで、なぜ1頭の種牡馬のクセを知るだけで勝てるのか?を理解していただけるはずです。

では、初歩の初歩からひとつずつ確認しながら解説していきましょう。まずはここからです。

馬券を当てるためには、どんな馬を買えばいいでしょうか?

これはシンプルに考えてもらって結構です。能力の高い馬を買えばいいのです。きっと誰もが知っている当たり前のことでしょう。だからこそ競馬ファンの多くは、走破時計や戦歴などからどの馬が強いかを必死に考察するわけです。では、次です。

能力の高い馬は常に勝つでしょうか?

そうじゃないことは、ほとんどの人が感覚的にわかっているはずです。実際に、そのレースで最も能力が高いと想定される1番人気馬の勝率は3割程度しかありません。能力が高いと思われていた人気馬が負けて、能力が低いと思われていた人気薄の馬が穴をあけるからこそ、競馬というギャンブルが成立しているのです。
では、穴があくときというのは、能力の低い馬が勝っているのでしょうか? だとすると、あまりにも逆転が多いように感じます。たまたま調子が良かったから、たまたま展開に恵まれたから、などと仮説を立てても、能力の差を逆転する機会が「たまたま」のレベルを超えています。
そこで私が出した結論はこうです。

競走馬が発揮できる能力は前走経験で変わる

具体的に言うと、競走馬は前走よりも楽に感じるとパフォーマンスを上げるということです。この考え方は、「Mの法則」の今井雅宏さんが20年以上前から唱えているものです。前述したように、私の著作でも自分の予想理論の根幹として毎回解説しています。しかし、いまだにほとんどの人が知らない、あるいは信じていないようなのです。
私は早い段階でこの考え方を知ることができたのですが、とても運が良かったと思っています。もし知らないまま馬券を買い続けていたら、どれだけ試行錯誤を繰り返したところで、今のような成果は出ていなかったと思います。というのは、この考え方は馬券を当てることだけでなく、稼ぐという意味でも理にかなっているからです。それは人気の作られ方を考えると理解していただけるはずです。
大抵の場合、前走で成績が良かった馬が人気になります。そして、近走で凡走続きだった馬は人気を落とします。つまり、ほとんどの人は前走で好走した馬を「能力の高い馬」として判断する傾向があるわけです。しかし、前走で好走した馬は、前々走よりも前走が楽に感じたためパフォーマンスを上げた可能性があります。今走もそのパフォーマンスを発揮できるとは限りません。逆に、近走凡走続きだった馬の中に今走で楽に感じる馬がいれば、パフォーマンスを上げる可能性

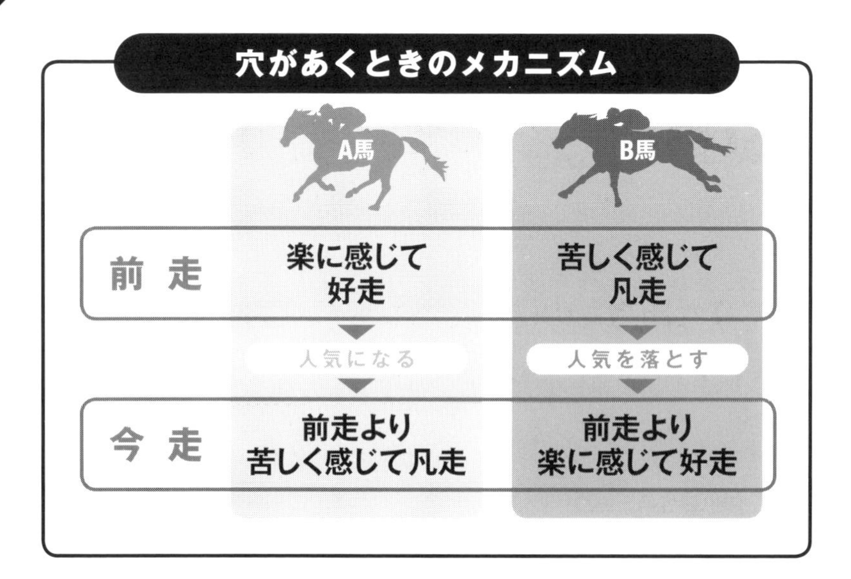

があります。そのようにして、人気馬が凡走し、近走で結果を残せていない馬が巻き返すことが頻繁に起こるわけです。そして、それに気付くことができれば穴馬券を獲ることができるのです。

競馬を始めた当初、私の回収率は40%程度でした。しかし、「競走馬が発揮できる能力は前走経験で変わる」ということに気付いただけで、回収率は85%まで上がりました。回収率が85%まで上がると、たまに万馬券が当たるようになるので、予想をするのが楽しくなります。それが研究するモチベーションとなったのです。

その後、亀谷敬正さんの理論を組み合わせるなど独自に研究を続けていく中で、前走経験と血統に深い関連性があることがわかりました。同じ前走経験でも、それを得意とする種牡馬、苦手とする種牡馬がいることが見えてきたのです。そこが私にとっての転機でした。回収率が100%を超え、10万馬券、100万馬券も獲れるようになったのです。

競走馬が発揮できる能力は前走経験によって変わる。まずはここをしっかりと理解してください。

同じ1600mでも、1800m➡1600mと1400m➡1600mは違う

得意な距離なのに、走らなかったのはなぜ？

1600mのレースを予想する際、出走メンバーの中には、前走で1600mを使っている馬、1700m以上を使っている馬、1500m以下のレースを使っている馬の3種類の馬がいるはずです。私はそれぞれを「同距離ローテ」、「短縮ローテ」、「延長ローテ」と呼んでいます。

競馬予想における一般的な考え方だと、距離の話をする場合、ローテーションではなく距離適性の話になりがちです。

たとえば、「この馬は1600mが得意だ」「この馬は1400m向きだから、1600mは長い」などが距離適性の考え方です。この考え方自体は間違っていませんが、大事な点を見落としていると言わざるをえません。

それは、以下の2つの点です。

馬は走りたがる動物である
馬は今回走る距離を知らない

ここを理解しておかないと、前走1600mで好走した馬を「1600mが得意」という理由で買って、凡走後に「なんで走らなかったんだろう?」となってしまいます。そして、原因がわからないまま、同じことを延々と繰り返すことになります。

ひとつずつ解説していきましょう。

chapter 1

馬は走りたがる動物である

ほとんどの馬は短縮のほうが気持ちよく走れる

はっきり言いましょう。馬は気分で走っているようなものです。

基本的にサラブレッドは走りたがる動物です。長い年月をかけ人間によってそのように改良されてきたのです。特に、中央競馬に所属しているレベルの馬は走ることに前向きな馬が多いです。

だからこそ、ジョッキーにとっても馬を速く走らせること、前向きに走らせることは技術的に難しいことではないようです。例えば、上手いジョッキーほど馬をゆっくり走らせることができます。逆に、下手なジョッキーはゆっくり走らせようと思っても抑えることができません。いつも引っかかる馬を外国人ジョッキーが折り合わせた、なんていうシーンを何度も見せられてきたはずです。新人ジョッキーは短距離の方が活躍できるというのも同じ理由でしょう。中長距離で馬をゆっくり走らせるという行為は技術がいることなのです。それは間違いないと思います。

「馬が速く走りたがる」という性質を踏まえると、ほとんどの馬が前走よりもペースが上がることを苦にしません。もし前走で走りたい気持ちを抑えられながら走っていたとしたら、より気持ちよく走ることができます。

ここまで読んで気付いた方もいると思います。ほとんどの馬は短縮のほうが気持ち良く走れるのです。距離が短くなれば、基本的にはペースが上がるわけですから、速く走りたいという馬の性質にぴったり合います。同じ1600mを走るにしても、前走1800mを走った後のほうが気持ち良く道中を走ることができるのです。

馬は今回走る距離を知らない

前走の記憶を頼りに走ることで生じる感じ方の差

前走よりも距離が短くなることでもうひとつメリットがあります。

それが「馬は今回走る距離を知らない」という点に大きく関係しています。

人間の場合、前回と今回の距離が変われば、距離に合ったペースを意識して走ります。しかし、馬はそうではありません。馬というのは前走で走ったスピードをもっとも強く覚えています。その記憶を頼りに馬は走るので、前走で1800mを走った馬は、今回も1800mの感覚で走ろうとします。馬の気持ちになって考えてみてください。前走と同じ感覚で走ろうとしたら、前走よりも速いスピードで走らせてもらえる。走る気持ち満々で道中を走り、最終コーナーを回り直線に向き、気付いたら前走よりも200mも近いところにゴール板があるわけです。馬は前走よりも楽だと感じるはずです。

人間に当てはめるとしたら、新入社員の残業に近いでしょうか。上司に残業するように言われ、どのくらいかかるかわからないまま残業をする。初めての残業というのは長く感じるわけです。仮に4時間として、4時間と思っていたなかでの4時間と、何時間やるかわからないままでの4時間とでは気分的に違います。そして、翌日。再び残業するように言われ、それが2時間で終わったとしたらすごく楽に感じるはずです。逆に、前日が2時間で、翌日が4時間だった場合は、楽には感じないでしょう。

短縮ローテには、道中で気持ちよく走れる上に、レースが早く終わることで楽に感じるという2つのメリットがある。これが基本です。

コース実績抜群の馬が人気で飛んだのはなぜか?

成績をローテ別に見ると発見がある!!

競走馬の8割は短縮ローテが得意です。同じ距離を使うにしても、短縮ローテで臨む場合と、他のローテで臨む場合とでは発揮できる能力が違います。

テラノヴァという馬を例に挙げてみましょう。

テラノヴァは良血ということもあり、新馬戦から1番人気に推されましたが、初めて馬券に絡んだのは3戦目の短縮ローテのときでした。3着に好走したため、次のレースでも2番人気になるのですが、1800mへの延長ローテで7着に敗れます。でも、世間はこの敗因を「延長ローテだから」とは思いません。この敗戦によって次走、2016年4月23日の未勝利戦では5番人気まで評価を落としました。今度は短縮ローテであるにもかかわらずです。その結果、テラノヴァはメンバー最速の上がりを使って差し切ったのです。

戦歴を見ていただければ、テラノヴァがいかに短縮を得意とするかがわかっていただけると思います。ローテ別に成績を抜き出すと以下のようになります。

短縮ローテ [3-1-3-1/8]
同距離 [1-4-1-7/13]
延長ローテ [0-1-1-6/8]

短縮ローテでの成績が圧倒的に良く、逆に延長ローテの成績が悪いことがわかります。

テラノヴァの戦績（▒は短縮ローテ時）

日付	レース名	コース	位置取り	上がり	ペース	人気	着順
2015/11/23	2歳新馬	東京芝1600良	5-4	34.6	37.9-34.9	1	5
2015/12/20	2歳未勝利	阪神芝1800良	12-12	34.8	36.0-35.1	1	6
2016/01/17	3歳未勝利	京都芝1600良	6-6	35.7	34.3-36.1	1	3
2016/02/06	3歳未勝利	京都芝1800良	9-12	35.3	36.0-35.3	2	7
2016/04/23	3歳未勝利	京都芝1600良	7-6	34.7	35.1-35.3	5	1
2016/05/21	3歳500万下	京都芝1600良	9-8	34.4	35.0-34.9	3	4
2016/07/09	3歳以上500万下	函館芝1200良	6-6	34.4	34.3-34.8	2	1
2016/07/31	道新スポーツ賞(1000)	札幌芝1500良	8-9-9	34.4	30.4-34.7	6	9
2016/08/13	STV賞(1000)	札幌芝1500良	12-12-11	33.7	30.1-34.6	7	2
2016/09/25	甲東特別(1000)	阪神芝1600良	8-7	33.6	35.5-34.2	2	2
2016/10/16	3歳以上1000万下	京都芝1600良	6-5	34.0	34.1-34.5	1	1
2016/12/23	六甲アイランドS(1600)	阪神芝1400重	11-10	35.8	34.1-36.6	2	2
2017/01/22	石清水S(1600)	京都芝1400稍	8-7	34.8	36.0-35.3	1	4
2017/02/19	斑鳩S(1600)	京都芝1400良	6-4	34.2	37.0-34.6	1	2
2017/04/30	晩春S(1600)	東京芝1400良	5-6	34.3	34.1-34.6	2	8
2017/07/30	道新スポーツ賞(1000)	札幌芝1500良	8-8-7	34.2	30.4-34.6	1	4
2017/09/24	甲東特別(1000)	阪神芝1600良	4-4	33.7	35.6-33.8	4	3
2017/10/07	久多特別(1000)	京都芝1400重	13-9	33.9	34.3-35.2	1	3
2017/10/29	3歳以上1000万下	京都芝1400不	3-4	37.2	37.7-37.2	1	8
2017/12/03	鳥羽特別(1000)	中京芝1400良	9-8	33.9	34.6-34.7	2	2
2017/12/17	猪名川特別(1000)	阪神芝1400良	9-10	34.8	34.1-35.9	1	2
2018/01/07	4歳以上1000万下	京都芝1600良	7-7	35.9	33.9-36.6	1	4
2018/02/24	4歳以上1000万下	阪神芝1600良	8-10	33.1	36.7-33.3	2	3
2018/03/18	山陽特別(1000)	阪神芝1400良	5-4	34.0	35.9-33.8	1	3
2018/03/24	天神橋特別(1000)	阪神芝1600良	5-5	34.9	35.0-35.1	1	4
2018/04/21	六波羅特別(1000)	京都芝1600良	5-4	34.7	36.4-34.4	2	7
2018/07/29	道新スポーツ賞(1000)	札幌芝1500良	3-2-1	33.7	29.9-34.0	2	1
2018/09/17	仲秋S(1600)	阪神芝1400良	8-8	34.4	34.7-34.3	3	8
2019/01/20	石清水S(1600)	京都芝1400稍	5-3	35.6	34.8-35.8	11	6
2019/02/17	斑鳩S(1600)	京都芝1400良	5-5	34.2	36.4-34.1	3	5

一方、同距離ローテはどっちつかずの印象を持つかもしれませんが、実はここにも「前走より楽かどうか」が顕著に表れています。

短縮ローテの後の同距離ローテ［0-0-0-4］
延長ローテの後の同距離ローテ［1-1-1-1］

短縮ローテで楽に感じた次のレースで、同じ距離を走った場合は4回とも馬券圏外に負けています。しかも、そのうち2回は1番人気、1回は3番人気でした。明らかな反動です。

この点を意識してもう一度テラノヴァの戦績を見てください。「短縮で好走→反動で負ける」「延長で凡走→次走巻き返す」というのを繰り返していることがわかります。短縮に敏感に反応する代わりに、短縮で得た楽な感情が次走で邪魔をしてしまうのです。

もしこの特徴に気付いていない場合、どうなるでしょう? 例えば、2017年10月29日の京都12R、3歳上1000万下の予想をする際に何を思うでしょうか?

「前走で今回と同じ京都芝1400外で3着に好走している」
「京都も得意。1400mも得意」
「1600万下で2着歴あるから、ここでは格上」
「道悪も得意」

このようにして単勝2.5倍の1番人気に推されたはずです。どれも正しい見方だと思います。ただ「今回が前走と比べてツラくなる」そこを見落としているだけなのです。

短縮で走った後の同条件というのは馬にとってはツラいものです。肉体的な反動もあるとは思いますが、それ以上に精神的な反動が大きいと私は思っています。実際に1番人気馬の成績を調べると、短縮で好走した後の次のレースでは、好走率も回収率も下がります（詳しくはP154）。そういう人気馬は嫌ったほうが馬券的には得なのです。

ロワアブソリューとデアレガーロ

典型的な短縮得意馬として、ロワアブソリューの例も見ていきましょう。

ロワアブソリューは6歳になるまで短縮ローテで3着以内を外したことが一度もありませんでした（2019年6月に初めて9着に敗退）。2019年7月時点では、以下のような成績になっています。

短縮ローテ［3-1-1-1］
延長ローテ［0-1-0-4］

ロワアブソリューの戦績（■は短縮ローテ時）

日付	レース名	コース	位置取り	上がり	ペース	人気	着順
2015/12/12	2歳新馬	阪神芝1800稍	1-1	33.8	36.6-33.8	3	1
2016/02/07	きさらぎ賞(G3)	京都芝1800良	2-2	36.6	35.5-34.9	3	7
2016/02/27	アーリントンC(G3)	阪神芝1600良	12-12	34.1	34.4-35.0	7	3
2016/03/26	毎日杯(G3)	阪神芝1800良	7-7	33.2	36.3-33.3	3	5
2016/04/30	あやめ賞(500)	京都芝1800良	2-2	34.1	36.1-34.3	1	2
2016/07/02	御在所特別(500)	中京芝1600良	7-6-5	33.6	36.0-33.7	1	2
2016/07/23	3歳以上500万下	中京芝1600良	2-2-2	34.5	35.8-34.8	1	1
2016/08/14	豊栄特別(1000)	新潟芝1400良	8-8	34.2	33.3-34.9	1	1
2017/05/07	湘南S(1600)	東京芝1600良	9-9	33.0	35.8-33.5	4	2
2017/06/04	由比ヶ浜特別(1000)	東京芝1400良	2-2	33.3	36.0-33.4	1	1
2017/11/12	奥多摩S(1600)	東京芝1400良	6-6	34.4	34.4-34.7	1	5
2017/11/26	渡月橋S(1600)	京都芝1400良	2-2	35.3	35.4-34.6	2	10
2018/02/12	雲雀S(1600)	東京芝1400良	7-7	34.6	35.4-34.3	4	8
2018/03/10	トリトンS(1600)	中京芝1400稍	7-7	36.1	33.8-36.1	3	8
2018/04/29	晩春S(1600)	東京芝1400良	2-2	34.6	34.1-34.7	6	5
2018/05/20	フリーウェイS(1600)	東京芝1400良	9-11	33.4	34.0-35.2	5	1
2018/07/22	中京記念(G3)	中京芝1600良	8-7-6	36.1	33.8-35.3	9	12
2018/11/11	オーロC(OP)	東京芝1400良	14-13	33.0	34.4-34.0	6	1
2018/12/08	リゲルS(OP)	阪神芝1600良	10-9	35.4	35.1-34.5	4	8
2019/06/23	パラダイスS(L)	東京芝1400稍	4-4	34.0	35.8-33.9	3	9
2019/07/21	中京記念(G3)	中京芝1600稍	11-11-12	35.8	35.3-35.6	12	16

短縮ローテならGⅢでもタイム差なしの3着に走れますし、上がり最速を出すこともできます。短縮とそうじゃないときで、発揮できるパフォーマンスが明らかに違うのです。

1600万下で連敗していたときもずっと同距離ローテだったので、川田騎手が乗ろうが、ムーア騎手が乗ろうが、本来の力を発揮できませんでした。しかし、そんな1600万下をなかなか勝てなかった馬が、短縮ローテならオープン特別もあっさり勝てるのです。

ロワアブソリューほど強烈に特徴が出るのは珍しいのですが、実はロワアブソリューの妹、デアレガーロも同じくらい短縮得意がはっきりしています。

戦績を見ると、デアレガーロは短縮ローテか、延長ローテで負けた後の同距離でしか好走していないことがわかります（2019年5月時点）。むしろ、その2つの条件であればほとんど好走しています。京

デアレガーロの戦績（■は短縮ローテ時）

日付	レース名	コース	位置取り	上がり	ペース	人気	着順
2016/12/25	2歳新馬	中山芝2000良	1-1-1-1	35.8	38.4-35.8	3	1
2017/02/25	3歳500万下	中山芝1800良	2-2-3-3	34.8	38.1-35.2	4	1
2017/03/20	フラワーC(G3)	中山芝1800良	3-3-5-7	36.2	36.5-35.3	2	11
2017/06/04	由比ヶ浜特別(1000)	東京芝1400良	7-8	33.5	36.0-33.4	3	6
2017/07/02	道新スポーツ杯(1000)	函館芝1200良	4-6	34.0	34.3-34.3	4	1
2017/09/30	秋風S(1600)	中山芝1600良	6-5-5	33.8	36.7-34.2	8	4
2017/12/03	市川S(1600)	中山芝1600良	9-10-10	33.3	35.1-34.7	5	1
2018/02/17	京都牝馬S(G3)	京都芝1400良	10-10	34.0	36.1-34.7	4	2
2018/05/13	ヴィクトリアマイル(G1)	東京芝1600稍	17-16	33.9	35.2-34.0	13	16
2018/06/30	TVh杯(1600)	函館芝1200稍	4-5	34.1	34.1-34.5	1	1
2018/08/05	UHB賞(OP)	札幌芝1200良	7-5	34.3	33.5-34.8	1	4
2018/08/26	キーンランドC(G3)	札幌芝1200稍	6-4	36.1	33.7-35.7	7	8
2018/10/27	スワンS(G2)	京都芝1400良	7-8	35.2	34.7-35.5	5	6
2019/02/16	京都牝馬S(G3)	京都芝1400良	7-6	34.2	34.7-34.7	9	1
2019/03/24	高松宮記念(G1)	中京芝1200良	14-14	33.5	33.2-34.1	8	7

都牝馬Sは2年連続で好走していますが、一度目は短縮ローテ、二度目は延長失敗後の同距離ローテでした。

3歳時の由比ヶ浜特別は短縮ローテで負けていますが、これは前残り決着で明らかに展開が向きませんでした。ちなみに、このレースを勝ったのは同じく短縮ローテで出走してきた兄のロワアブソリューでした。ロワアブソリューは先行していたため、あっさりと勝っています。

兄と妹でこれだけ好走パターンが似るのは、馬のクセが血統と深く繋がっていることの証でもあります。

ロワアブソリューとデアレガーロはローテーションさえ向けば馬券に絡めるだけの力があるのでこの特徴が綺麗に出ますが、ここまでわかりやすいのは稀です。展開や枠順の不利もありますし、短縮が決まらない馬場もあるので、短縮で凡走するケースもあります。ですから、短縮ローテで3回中1回でも好走していたら短縮が得意と見ていいでしょう。甘めの判定基準と思われるかもしれませんが、競走馬の8割が短縮を得意としているのですから、それでほぼ当たります。

chapter 1

短縮ローテが競走馬に与える影響

短縮でパフォーマンスを上げるタイプとは？

短縮ローテによって多くの馬が楽に感じますが、そのなかでもとくに大きくパフォーマンスを上げるタイプが2種類います。

①引っかかり気味の馬

短縮ローテの場合、前走よりレースの流れが速くなりやすいので、引っかかっていた馬が折り合うようになります。なので、道中で引っかかっている馬を見つけて、その馬の短縮を狙うだけでも効果的な馬券戦略になります。

例えば、デビュー2戦目で引っかかるパターンがよくあります。競走馬は新馬戦よりも2戦目のほうが行きたがる傾向にあるからです。「レースに行けば思い切り走れる」と新馬戦で学習しているので、本来走ることが大好きな馬たちは2戦目は喜んで走るわけです。

クリノガウディーの戦績

日付	レース名	コース	位置取り	上がり	ペース	人気	着順
2018/10/08	2歳新馬	京都芝1800良	5-5	34.2	36.8-34.8	6	1
2018/11/17	東京スポ杯2歳S(G3)	東京芝1800良	3-2-2	35.0	36.2-34.6	12	7
2018/12/16	朝日杯FS(G1)	阪神芝1600良	4-4	34.0	35.3-34.4	9	2
2019/03/17	スプリングS(G2)	中山芝1800良	1-1-1-1	36.1	35.8-35.7	4	6
2019/04/14	皐月賞(G1)	中山芝2000良	2-3-3-2	36.5	34.8-34.7	16	16
2019/05/05	NHKマイルC(G1)	東京芝1600良	2-2	35.5	33.9-34.6	13	14
2019/07/21	中京記念(G3)	中京芝1600稍	6-9-9	34.4	35.3-35.6	6	2

朝日杯FS2着のクリノガウディーはまさにそのパターンで、2戦目同距離ローテで臨んだ東スポ杯2歳Sで前向きになりすぎて引っかかっていました。こういうタイプの馬は100%短縮ローテのほうが向きます。その結果、朝日杯FSでは自分のペースで走れた上に、距離が短くなることで楽に感じて、アドマイヤマーズに迫るほどの激走を見せました。

②明らかな短距離血統の馬

短距離血統の馬が短縮ローテで激変するパターンも頻繁にあります。

2018年8月5日、新潟12R（芝1400m）で12番人気2着に激走したスピアーノは、母父がマイネルラヴでいかにも短距離が向きそうな血統でした。

スピアーノの戦績を見てください。新馬戦は1800mを逃げ切っています。その後、2000m、1800m、1800mと使われていきますが、

2018年12月16日　阪神11R　朝日杯FS　阪神芝1600m良

着	馬名	父	2走前	前走	人気
1	4⑥アドマイヤマーズ	ダイワメジャー	中京芝16 1人1着	京都芝16 1人1着	2
2	1①クリノガウディー	スクリーンヒーロー	京都芝18 6人1着	東京芝18 12人7着	9
3	2②グランアレグリア	ディープインパクト	東京芝16 1人1着	東京芝16 1人1着	1

単勝460円　複勝130円 490円 110円　枠連10,060円　馬連9,710円
ワイド1,560円 180円 1,080円　馬単14,240円　三連複3,340円　三連単45,180円

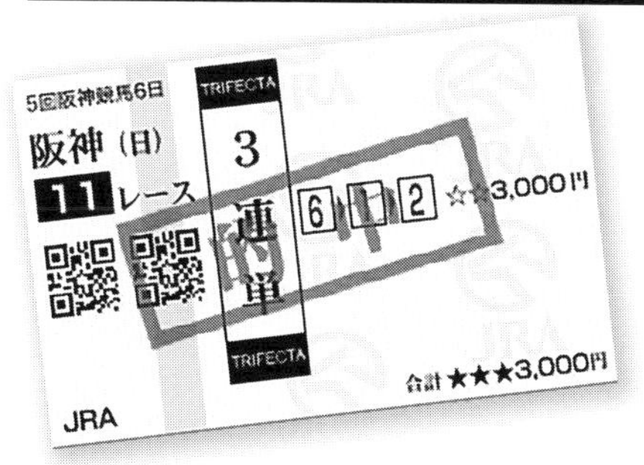

クリノガウディーは新馬戦（芝1800）1着→東スポ杯2歳S（芝1800）7着→朝日杯FS（芝1600）というローテーション。東スポ杯で引っかかっていたので、短縮ローテで大きくパフォーマンスを上げると予想した。

135万5400円の払い戻し!!

8着、6着、9着という結果に終わってしまいます。それもそのはずです。なぜならスピアーノは最初から中距離向きの馬ではないからです。

新馬戦はスローペースになることが多く、道中をゆっくり走ったあとに400m程度を速く走る能力さえあれば距離はこなせます。そのため、短距離馬がスピードだけで中距離の新馬戦を勝つことはよくあります。スピアーノはその典型だったのです。

そこを踏まえて、もう一度スピアーノの戦績を見てください。

2戦目の百日草特別は2000mへの延長ローテで1.3秒差の8着に負けました。続く3戦目は1800mへの短縮ローテで10番人気6着とそこそこ走っています。着差も0.6秒差まで詰めています。でもまだ距離が長い印象でした。4戦目は再度1800mを使ってきますが、短縮ローテの次走ですから反動が出て、2.9秒差の9着に負けます。

同じ戦績でもローテーションを意識しながら見ると、違った見方ができるのです。

そして、3ヶ月の休養を挟み、スピアーノがついに短距離（1400m）に出走してきました。追走ペースは一気に速くなるわけですが、そんなことはまったく問題にせずスピアーノは逃げて2着に好走します。

短距離血統の馬はペースが上がったほうがむしろ走りやすく、さら

スピアーノの戦績

日付	レース名	コース	位置取り	着差	ペース	人気	着順
2017/09/16	2歳新馬	中山芝1800良	1-1-1-1	0.0	37.8-35.2	8	1
2017/11/05	百日草特別(500)	東京芝2000良	7-6-6	1.3	37.6-34.1	8	8
2018/02/25	3歳500万下	中山芝1800良	9-7-7-6	0.6	37.2-35.5	10	6
2018/05/05	3歳500万下	東京芝1800良	1-1-1	2.9	36.0-34.7	8	9
2018/08/05	3歳以上500万下	新潟芝1400良	1-1	0.1	34.2-34.8	12	2
2018/08/25	3歳以上500万下	新潟芝1200良	7-7	0.9	33.4-34.8	1	4
2018/10/27	3歳以上500万下	新潟芝1400稍	2-2	1.5	33.9-36.5	4	17
2019/05/12	4歳以上500万下	新潟芝1400良	8-8	0.5	34.0-36.4	6	4
2019/07/20	3歳以上1勝クラス	福島芝1200稍	2-2	0.9	35.2-34.7	4	7

に距離が短くなることで前走よりも楽に感じやすいのです。

引っかかり気味の馬、明らかな短距離血統の馬は、短縮ローテでとくに狙いやすいので、しっかりと覚えておいてください。

2018年8月5日　新潟12R　3歳以上500万下　芝1400m良

着	馬名	父	2走前	前走	人気
1	7⑭ニシノウララ	リーチザクラウン	東京芝14 8人5着	福島芝12 1人4着	4
2	1②スピアーノ	ヴィクトワールピサ	中山芝18 10人6着	東京芝18 8人9着	12
3	7⑮グラドゥアーレ	ダノンシャンティ	中山芝16 4人4着	中京芝14 2人2着	2

単勝600円　複勝220円 1,040円 200円　枠連7,420円　馬連17,520円
ワイド4,570円 710円 3,900円　馬単25,880円　三連複31,850円　三連単204,850円

スピアーノの母父はマイネルラヴで、いかにも短距離向き。デビューから中距離を使われ、今回が初の短距離出走。なお、父であるヴィクトワールピサも短縮ローテが得意な種牡馬に該当する（P112参照）。

200万5500円の払い戻し!!

chapter 1

延長ローテが競走馬に与える影響

延長ローテを得意とする馬の特徴とは？

ここまで8割の馬は短縮ローテによって潜在能力が引き出されると何度も述べました。続いて、残りの2割について解説しましょう。

結論から言うと、残りの2割は「延長ローテを得意とする馬」です。

重賞勝ち馬でいうと、2018年の青葉賞を勝ったゴーフォザサミットなどがそうです。

先ほど例に挙げたスピアーノが負けた百日草特別を延長ローテで勝ったのがゴーフォザサミットです。ハーツクライは延長ローテが得意な種牡馬で、百日草特別の2着馬ナスノシンフォニーもハーツクライの延長ローテに該当していました。

延長ローテを得意とする馬は、前走より速く追走するのが苦手です。その要因が気性的なものなのか筋肉的なものなのかは定かではありませんが、個人的には筋肉的なものだと思っています。要は腰やトモ（後躯）が緩く、スタートダッシュでスピードに乗れないということです。そのため、ペースが速いと道中で置かれてしまいますが、かと言ってそこで無理をさせて前に行こうとすると乳酸が溜まり、最後に脚が上がってしまうのです。逆に、ペースが遅くなると、追走が楽になり、無理をしていないぶん乳酸も溜まらず、最後に脚を使える。そういうことだと私は思っています。

スタートはレースの中でもっとも速く走る部分です。とくにテンの2ハロン目は、たいていゴール前よりも速くなります。しかも止まった状態から最初の200mを12秒前半で走って、次の200mを10秒台や11秒台前半で走るわけですから、最初の2ハロンはかなりの力を使います。そこで無理できる血統と無理できない血統があるのです。

基本的に競走馬というのはスピードの持続力に秀でた動物ですから、普通はペースが上がっても大丈夫なのですが、なかにはそうじゃない血統もいるということです。それが延長得意な残り2割の馬たちなのです。

ハーツクライやハービンジャーなど、延長ローテが得意な種牡馬に共通して言えるのは、若い時はトモが緩いということです。成長するにしたがって徐々にその弱点が解消され、古馬になると短縮ローテをこなす馬も出てくるのですが、若いうちはそれができず延長ローテでしか走れないのです。

ゴーフォザサミットの戦績

日付	レース名	コース	位置取り	上がり	ペース	人気	着順
2017/08/20	2歳新馬	札幌芝1800良	5-5-5-6	35.5	38.3-35.0	5	5
2017/09/23	2歳未勝利	中山芝1800稍	7-8-6-7	35.9	37.7-36.5	3	1
2017/11/05	百日草特別(500)	東京芝2000良	3-3-3	33.6	37.6-34.1	4	1
2018/02/11	共同通信杯(G3)	東京芝1800良	12-11-10	33.2	35.7-34.8	4	4
2018/03/18	スプリングS(G2)	中山芝1800良	11-11-11-12	34.4	35.6-36.4	4	7
2018/04/28	青葉賞(G2)	東京芝2400良	7-6-5-5	34.1	36.2-34.4	6	1
2018/05/27	東京優駿(G1)	東京芝2400良	8-8-8-7	34.5	36.0-34.6	7	7
2018/08/19	札幌記念(G2)	札幌芝2000稍	7-7-7-3	37.4	34.4-37.6	8	7
2018/09/23	神戸新聞杯(G2)	阪神芝2400良	6-6-6-5	35.3	36.7-34.6	5	8
2019/03/23	日経賞(G2)	中山芝2500稍	3-3-3-3	35.9	31.3-35.4	6	5
2019/05/26	目黒記念(G2)	東京芝2500良	3-4-4-3	35.6	29.4-35.8	6	4
2019/08/18	札幌記念(G2)	札幌芝2000良	12-12-12-13	35.3	36.1-36.1	10	10

chapter 1

テンの3ハロンを見ればよりわかる

重要なのは前走のペースよりも速いか遅いか

ここでひとつ応用編について解説します。

短縮ローテが得意な馬を短縮ローテで狙う。延長ローテが得意な馬を延長ローテで買う。基本的にはこれでいいのですが、テンの3ハロンを見ることで、より精度を高めることができます。

基本的にテンの3ハロンは、短縮ローテだと前走より速くなり、延長ローテだと前走より遅くなります。ただ、そうじゃないパターンもあります。つまり、短縮ローテなのに前走より遅くなったり、延長ローテなのに前走より速くなることがあるということです。

例として挙げるのは、再びハーツクライ産駒のメイズオブオナーです。この馬も延長ローテが得意な馬です。未勝利を勝ち上がった後から時系列で見ていきましょう。

2017年8月20日の3歳以上500万下。昇級初戦を芝替わりの延長ローテで勝ちました。このレースは1ハロン目が13.0と、前走のダート1700mよりも明らかに遅いペースで、いかにもハーツクライ産駒が好むパターンでした。直線では差せそうもないところから差し切ったように、最高のパフォーマンスを見せたと言っていいでしょう。

次走は短縮ローテでローズSに出走しますが、追走ペースが速くなり13着に負けます。テンの3ハロンが34.6秒、1000m通過が58.6秒なので、1800mとしても速かったと言えます。メイズオブオナー自身は15番手だったとはいえ、前走よりは速く走っていました。2000mの超スローのレースを勝った後に1800mの超ハイペースの

メイズオブオナーの戦績

日付	レース名	コース	位置取り	上がり	ペース	人気	着順
2016/11/13	2歳新馬	京都芝1600良	4-4	34.3	36.9-34.4	1	3
2016/11/26	2歳未勝利	京都芝1400良	9-8	36.0	34.6-36.3	2	7
2016/12/25	2歳未勝利	阪神芝1600良	6-5	35.2	36.3-34.9	3	5
2017/01/16	3歳未勝利	中京芝1600重	10-9-8	35.1	35.7-35.8	4	2
2017/02/04	3歳未勝利	京都芝1600良	14-13	34.3	35.9-35.4	6	6
2017/03/26	3歳未勝利	中京ダ1800稍	6-7-6-5	38.0	38.0-38.2	2	3
2017/04/09	3歳未勝利	阪神ダ1800不	7-7-7-5	37.9	36.8-38.0	4	3
2017/04/29	3歳未勝利	新潟ダ1800稍	6-6-5-3	39.9	37.4-40.1	1	2
2017/05/21	3歳未勝利	新潟ダ1800良	9-10-4-3	37.4	38.2-37.7	1	3
2017/06/18	3歳未勝利	函館ダ1700良	9-9-2-1	40.8	29.6-40.8	1	1
2017/08/20	3歳以上500万下	札幌芝2000良	10-9-11-11	34.9	37.2-35.7	9	1
2017/09/17	ローズS(G2)	阪神芝1800良	15-16	34.0	34.6-34.9	11	13
2017/12/16	3歳以上1000万下	中山芝2000良	16-13-13-10	34.6	35.7-35.7	4	1
2018/01/13	愛知杯(G3)	中京芝2000良	7-7-10-9	34.7	35.6-35.1	5	5
2018/03/10	うずしおS(1600)	阪神芝1600良	3-3	33.2	37.7-33.5	3	1
2018/05/13	ヴィクトリアマイル(G1)	東京芝1600稍	14-14	33.8	35.2-34.0	15	11
2018/07/14	マレーシアC(1600)	中京芝2000良	2-2-3-3	34.1	38.5-34.3	2	2
2018/08/12	博多S(1600)	小倉芝2000良	4-4-4-5	34.5	35.5-35.3	1	5
2018/10/13	府中牝馬(G2)	東京芝1800良	7-7-8	33.5	34.9-34.8	10	8
2018/12/16	元町S(1600)	阪神芝1600良	11-11	33.7	36.5-33.9	6	7
2019/02/10	初音S(1600)	東京芝1800良	4-3-3	35.0	36.1-34.3	11	12

レースというのは、延長ローテが得意な馬には対応できません。

ローズSで13着に負けた後、今度は芝2000mの1000万下に出走します。再度延長ローテです。ここはレースのテン3ハロンが1秒以上遅くなったことで脚がたまり、直線ではじけて圧勝します。

強い勝ち方をしたことで次走の愛知杯では5番人気に推されますが、ここでは5着に負けます。延長ローテの後の同距離だったこともありますが、前に行き過ぎたことで、前走よりも速い追走を強いられました。このあたりは前走のC・デムーロ騎手と松若騎手の腕の差なのかもしれません。

そして、問題はこの次のうずしおSです。延長向きなので1600mへの短縮ローテは合わないはずなのに勝ってしまうのです。
しかし、ここにはカラクリがあります。愛知杯とうずしおSのテン3ハロンを見てください。愛知杯は35.6、うずしおSは37.7。1600mなのに、2000mよりも2秒1も遅かったのです。無理をせずに前に行けて、追走も楽で、距離も短い。これが馬にとって一番楽なパターンです。延長ローテが得意な馬に限らず、どの馬にとっても楽で、無敵と言っていいパターンです（このような現象は重馬場などでよく起こります）。逆に延長なのにペースが速くなるのは、馬にとってはものすごく苦しいパターンです。速いペースで走っているのに、いつまでたってもゴールが来ない。これはどの馬にとっても最悪です。
もちろん、うずしおSのレース前にペースがこんなに遅くなることはわからないので、ここではメイズオブオナーを狙うことはできません。しかし、短縮ローテで走った理由をテン3ハロンを見ることで解明しているので、次の延長ローテのときに迷いなく買うことができるわけです（実際に次の延長ローテ、マレーシアCではしっかりと2着に好走しています）。

結局、私が見ているのは、前走よりもテンの3ハロンを速く走ったか？ 遅く走ったか？なのです。ローテーションを重視するのも、前走と比較して、短縮ローテはペースが速くなりやすい、延長ローテはペースが遅くなりやすいという事実があるからです。
しかし、馬券を買う人の多くはそこを重要じゃないと思っています。テン3ハロンが速いほうが価値がある、遅いと価値がない……そういうことではないのです。ペースが変わることで馬がどう感じるか、そこを見なければなりません。
本当はもっと速く走りたいのに、周りのペースが遅くて抑えられて引っかかった。本当はもっとゆっくり走りたいのに、周りのペースが速くて強引に追走させられ、最後の脚がなくなった。自分の歩幅で走りたいのに、内枠を引き馬群に包まれて走りづらそうにしていた。こ

2017年12月16日　中山12R　3歳以上1000万下　芝2000m良

着	馬名	父	2走前	前走	人気
1	8⑰メイズオブオナー	ハーツクライ	札幌芝20 9人1着	阪神芝18 11人13着	4
2	1②エッジースタイル	ハービンジャー	東京芝18 7人5着	京都芝18 5人5着	3
3	7⑮レッドベリンダ	ハーツクライ	札幌芝18 10人4着	札幌芝18 10人13着	17

単勝630円　複勝260円 220円 3,890円　枠連1,470円　馬連1,790円
ワイド830円 23,430円 19,830円　馬単3,660円　三連複126,990円　三連単538,700円

メイズオブオナーの前走、ローズSは苦手な短縮かつ超ハイペース。延長ローテで間違いなく前走よりもペースが緩むここは絶好の狙い目だった。3着レッドベリンダも「ハーツクライの延長ローテ」に該当していた。

323万2200円の払い戻し!!

んなふうに自分のペースで走れないこと自体が馬にとって気持ちいいことではありません。

前走で自分のペースで走れなかった馬が、今回自分のペースで走れるようになると好走できる。これほど単純でわかりやすいことはありません。

コースレイアウトによる短縮・延長の例外

前述した、前走よりテンが遅くなる短縮、前走よりもテンが速くなる延長。こういう例外が起きやすい条件が2つあります。

①芝スタート←→ダートスタート

ダートコースの中には、芝からスタートするコースがあり、当然、芝スタートのほうがスピードは出やすくなります。前走ダートスター

ト→今回芝スタートならテンは速くなりますし、前走芝スタート→今回ダートスタートなら遅くなります。

芝スタートのダートコースは以下の8つです。

東京ダ1600、中山ダ1200、福島ダ1150、新潟ダ1200
京都ダ1400、阪神ダ1400、阪神ダ2000、中京ダ1400

この例外パターンは短距離のほうが出現しやすく、とくに1200mがダートスタートで、1400mが芝スタートになる関西圏で多くなります。

京都・阪神・中京ダ1400から京都・阪神・中京ダ1200に変わるときは、短縮ローテなのにテンのスピードが遅くなり、京都・阪神・中京ダ1200から京都・阪神・中京ダ1400に変わるときは、延長ローテなのにテンのスピードが速くなるということです。

②雨が降っている芝コース

芝で雨が降っている場合、特に不良馬場のときは物理的にスピードが出せないため、距離短縮でもペースが遅くなることがあります。

この2つは事前にはわかりませんが、戦績を振り返るときには要注意です。

馬の能力は短縮・延長でのパフォーマンスで見抜く

苦手なローテでの善戦は能力が高い証

馬の潜在能力を語るときに「あのレースであの馬と同等の着順だったから、この馬の能力はこれくらいなんだ」という分析法をよく見ます。私もその手法自体を否定するつもりはありません。ただ、競走馬が発揮する能力は一戦一戦違うわけですから、それが能力を上げたときなのか、下げたときなのかを把握していないと正しく分析できないと考えています。

例えば、能力を下げたときのレースを参考に「この馬の能力はこの程度だろう」と判断してしまうと痛い目を見ます。そうならないためにも、能力を上げていたのか下げていたのかを正しく見極めなければなりません。

私の経験から言うと、馬の潜在能力を測るときは、得意なローテーションでのパフォーマンスを参考にするのが良いでしょう。力を出せていないときの成績を見て「この馬は弱い」と決めつけると、穴馬券を獲ることができなくなります。

逆に、ローテーションに不利のあったレースについては、「その馬の能力ではない」と判断します。そして、もし苦手なローテーションにもかかわらず5着以内に走った馬がいたら、その馬はそのクラスで上位の能力がある可能性があるので、しっかりチェックすべきです。

これはノーフィアーの戦績を見るとわかりやすいと思います。

2018年2月18日の東京12R、大島特別（1000万下）でノーフィアーは7番人気5着に負けました。昇級初戦の延長ローテですから、もっと負けていてもおかしくない条件だったので、私はこの5着を高く評価しました。ノーフィアーは期待通り短縮ローテとなる次走で2着に好走。降級後に500万下を再度勝ち、その3走後に1000万下を勝ち上がりました。さらに、2019年4月21日の鎌倉S（1600万下）でも延長ローテで5着に好走しているので、ローテーションさえ合えばこのクラスでも勝負になると踏んでいます。

コパノキッキングもこのパターンで能力の高さを証明した馬です。コパノキッキングは血統的にも明らかに短縮ローテが得意な馬ですが、延長ローテで未勝利戦を2着、1600万下の大阪スポーツ杯でも4着と、延長ローテでも崩れませんでした。こういう戦歴の馬はそのク

ノーフィアーの戦績

日付	レース名	コース	位置取り	上がり	ペース	人気	着順
2016/12/03	2歳新馬	中山ダ1200重	13-11	37.1	34.5-38.2	6	4
2017/03/04	3歳未勝利	中山ダ1200稍	7-7	37.3	34.3-38.1	3	1
2017/04/01	3歳500万下	中山ダ1200不	7-7	37.1	33.6-37.6	3	3
2017/10/15	3歳以上500万下	東京ダ1300不	4-3	36.3	29.2-36.4	2	2
2017/11/12	3歳以上500万下	東京ダ1400良	2-2	39.3	35.5-37.8	2	10
2017/12/09	3歳以上500万下	中京ダ1200良	7-6	36.9	34.7-37.3	5	2
2018/01/06	4歳以上500万下	中山ダ1200良	5-4	37.9	33.9-37.6	1	2
2018/01/21	4歳以上500万下	中山ダ1200稍	4-4	37.3	34.2-37.6	4	1
2018/02/18	大島特別(1000)	東京ダ1400良	8-8	37.1	35.9-37.4	7	5
2018/03/25	4歳以上1000万下	中山ダ1200良	5-3	36.8	34.3-37.3	2	2
2018/04/08	4歳以上1000万下	中山ダ1200良	9-10	36.9	34.0-37.3	1	6
2018/08/05	3歳以上500万下	新潟ダ1200良	3-3	37.4	33.4-37.3	2	3
2018/08/26	3歳以上500万下	新潟ダ1200重	3-3	37.1	34.1-37.4	1	1
2018/09/17	浦安特別(1000)	中山ダ1200良	7-8	36.7	33.7-36.7	6	9
2018/12/09	3歳以上1000万下	中山ダ1200良	7-7	36.8	33.5-37.1	3	4
2019/02/24	4歳以上1000万下	中山ダ1200良	4-3	36.4	34.5-36.7	4	1
2019/03/23	春風S(1600)	中山ダ1200稍	3-2	37.2	33.6-37.0	2	6
2019/04/21	鎌倉S(1600)	東京ダ1400良	4-3	36.6	35.4-36.9	7	5
2019/06/02	麦秋S(3勝クラス)	東京ダ1400良	1-1	37.1	35.2-36.1	12	10
2019/08/03	越後S(3勝クラス)	新潟ダ1200良	5-3	36.2	34.3-36.3	5	4

ラスでは一枚も二枚も上の力を持っていると考えたほうがいいでしょう（さすがに延長ローテの根岸Sを勝つとまでは想像しませんでしたが……）。

コパノキッキングの戦績

日付	レース名	コース	位置取り	上がり	ペース	人気	着順
2018/02/04	3歳未勝利	京都ダ1200稍	1-1	36.5	36.4-36.5	10	1
2018/02/24	3歳500万下	阪神ダ1400良	1-1	36.3	35.9-36.1	1	2
2018/04/07	3歳500万下	阪神ダ1400重			33.7-37.9		取
2018/08/04	3歳以上500万下	札幌ダ1000良	2-1	35.1	33.7-35.1	1	1
2018/08/19	おおぞら特別(1000)	札幌ダ1000稍	1-1	34.3	34.6-34.3	1	1
2018/09/22	大阪スポーツ杯(1600)	阪神ダ1400重	1-1	37.2	33.8-36.4	1	4
2018/10/14	藤森S(1600)	京都ダ1200良	13-13	34.5	35.4-36.0	1	1
2018/11/25	オータムリーフS(OP)	京都ダ1200良	5-5	34.9	35.3-35.5	1	1
2018/12/09	カペラS(G3)	中山ダ1200良	14-13	34.9	33.4-36.8	1	1
2019/01/27	根岸S(G3)	東京ダ1400良	7-5	35.4	35.0-36.4	2	1
2019/02/17	フェブラリーS(G1)	東京ダ1600良	13-14	35.2	35.8-35.4	4	5
2019/04/10	東京スプリント競走(G3)	大井ダ1200不	7-6	36.4	34.7-36.9	2	2
2019/08/12	クラスターC(G3)	盛岡ダ1200良	2-2	35.3	0.0-34.9	1	3

chapter 1

短縮向き・延長向きを戦績で確認する方法

2つのポイントを満たしているかチェック

先ほど短縮ローテが得意な馬の判定は、短縮好走実績が3回に1回あればいいと書きましたが、ここでは好走の定義について説明したいと思います。というのは、人気薄で馬券に絡めば文句なしで好走と言えますが、なかには好走とみなしていいかどうかの判断が難しい馬がいるからです。

アキンドという馬の戦績を見てください。2018年10月20日の2歳未勝利（ダ1400m）を予想するとした場合、アキンドの過去3走は以下のとおり。

3走前　6月16日　芝1400mで5番人気7着（上がり7位・1.0秒差）
2走前　9月15日　ダ1200mで5番人気4着（上がり3位・0.1秒差）
前走　10月8日　ダ1600mで2番人気3着（上がり7位・0.5秒差）

2走前は短縮ローテで5番人気4着、前走は延長ローテで2番人気3着。この場合、この馬を短縮向きととらえるか、延長向きととらえるか、どちらでしょうか？ 着順だけを見れば短縮が不得意で延長が得意と思うかもしれません。しかし、私は2走前を「短縮で走ったな」と判断し、前走を「不利な延長ローテでよく走ったな」と考えます。なぜなら、私は以下の2点を好走の基準としているからです。

人気よりも走って5着以内
上がり3位以内を使っている

アキンドの戦績

日付	レース名	コース	位置取り	上がり	ペース	人気	着順
2018/06/03	2歳新馬	東京芝1400良	15-12	34.3	36.9-34.5	9	9
2018/06/16	2歳未勝利	東京芝1400重	9-8	36.0	36.1-35.6	5	7
2018/09/15	2歳未勝利	中山ダ1200稍	7-6	37.9	33.7-38.9	5	4
2018/10/08	2歳未勝利	東京ダ1600良	2-2	38.6	36.3-38.2	2	3
2018/10/20	2歳未勝利	東京ダ1400良	3-2	38.8	36.3-38.9	2	1
2018/11/10	オキザリス賞(500)	東京ダ1400稍	12-13	37.4	35.6-36.3	12	10
2019/01/26	はこべら賞(500)	中京ダ1400良	8-6	40.1	33.7-38.7	14	9
2019/02/11	3歳500万下	東京ダ1600良	2-2	42.7	35.0-38.4	14	13
2019/02/23	3歳500万下	中山ダ1200良	9-11	38.8	33.6-38.1	12	13
2019/03/17	3歳500万下	中山芝1600良	8-8-8	35.6	35.8-35.2	9	7
2019/04/06	ひめさゆり賞(500)	福島芝2000良	3-3-3-6	38.2	34.0-36.5	11	10
2019/06/22	3歳以上1勝クラス	東京芝1600重	8-8	38.0	35.4-35.3	14	13
2019/08/04	障害3歳以上未勝利	小倉障2860良	11-11-11-11	14.2	105.0-37.6	8	10
2019/08/17	障害3歳以上未勝利	小倉障2860稍	6-6-6-6	13.7	104.0-38.0	8	4

要は見所のある競馬をしているかどうかということです。短縮で臨んだ9月15日のレースは上がり3位の末脚を使って0.1秒差。一方、延長で臨んだ10月8日のレースは上がり7位で0.5秒差でした。レースの内容を見ても、より見所があったのは前者のほうだと言えます。このように判断が難しいときは前記の2つのポイントを意識するといいでしょう。

このようにしてアキンドが短縮向きだとわかれば、ダ1400mへの短縮ローテとなる10月20日のレースは積極的に狙えるわけです。そして、同距離ローテとなる次走のオキザリス賞で勝負になっていないところを見れば、短縮向きであるということが間違いないとわかります。

延長が得意な馬の見分け方も同じです。人気よりも走って5着以内、上がり3位以内を使っているという2つを満たしているレースを好走とみなして、3回中1回でも好走していればＯＫです。

アキンドの適性判定についてもうひとつ補足すると、相手関係を見ることも有効です。9月15日のレースの勝ち馬はショウナンガナドルで、その後500万下（1勝クラス）を勝つ馬に0.1秒差の競馬をしたわけですから、アキンドは短縮ローテでパフォーマンスを上げたという判断に間違いはないことがわかります。逆に、10月8日のレースの1、2着馬、テイエムアカリオーとフーズサイドはその後の成績がぱっとしませんでした。ただ、この方法はその後数戦してからでないと判断できないので、後の答え合わせとしては有効ですが、事前にわかるケースはそう多くありません。

そこで使えるのが血統です。アキンドの父であるアポロキングダムも母父であるアフリートも延長ローテが得意な血統ではありません。次項で詳しく説明しますが、血統であたりをつけることは時間短縮につながるので覚えておくととても便利なのです。

9月15日の2歳未勝利　上位馬のその後

着	馬名	タイム	着差	位置取り	その後
1	1②ショウナンガナドル	1.12.6		1-1	500万下で3着、1着
2	5⑩ハーベストゴールド	1.12.6	0.0	5-5	2歳未勝利で5着、6着
3	1①ボストンテソーロ	1.12.7	0.1	4-3	2歳未勝利で1着、500万下で2着
4	6⑪アキンド	1.12.7	0.1	7-6	
5	7⑬イデアノオモイ	1.13.4	0.8	13-13	2歳未勝利で9着、13着

10月8日の2歳未勝利　上位馬のその後

着	馬名	タイム	着差	位置取り	その後
1	2④テイエムアカリオー	1.41.1		9-8	北海道2歳優駿8着
2	6⑪フーズサイド	1.41.2	0.1	16-13	2歳未勝利で5着、4着
3	6⑫アキンド	1.41.6	0.5	2-2	
4	7⑭ブラックアンバー	1.41.8	0.7	5-4	2歳未勝利で7着、7着
5	7⑬クリムトゥ	1.41.9	0.8	10-8	2歳未勝利で8着、8着

キャリアの浅い馬の適性は血統で見抜ける

まずは延長得意血統を覚えよう

前項で短縮向き、延長向きは戦績で見ればわかると書きましたが、キャリアが浅く戦績を見ても判断できない場合があります。そういうときは血統で判断してください。といっても数百もの種牡馬を覚える必要はありません。何度も言うように8割が短縮向きなのですから、少数派の2割を覚えればいいのです。

代表的なところだと、ハーツクライ、ネオユニヴァース、ハービンジャーなどが延長向きの種牡馬です。前述したように、延長向きの種牡馬は前走よりもテンがゆっくり流れたほうがいいタイプで、テンで無理をさせると本来のパフォーマンスを発揮できません。

2018年のチャンピオンズCで穴をあけたウェスタールンドはネオユニヴァース産駒ですが、戦績を見ると延長ローテや短縮失敗後の同距離ローテで好走していることがわかります。特にシリウスSからチャンピオンズCまでの流れはネオユニヴァース産駒の典型といえる内容です。

シリウスS（ダ2000）　延長ローテで7番人気2着（上がり1位）
武蔵野S（ダ1600）　短縮ローテで3番人気7着（上がり5位）
チャンピオンズC（ダ1800）　延長ローテで8番人気2着（上がり1位）

延長ローテとなるシリウスSとチャンピオンズCでは、上がり1位をマークしています。これはテンがゆっくりになることで脚を温存できたという証拠でしょう。

ウェスタールンドの戦績(ダート転向後)

日付	レース名	コース	位置取り	上がり	ペース	人気	着順
2018/06/24	津軽海峡特別(1000)	函館ダ1700良	11-11-10-5	35.9	30.5-36.7	6	1
2018/07/28	薩摩S(1600)	小倉ダ1700良	9-8-2-2	36.1	30.9-36.2	1	1
2018/09/29	シリウスS(G3)	阪神ダ2000不	16-16-16-15	35.1	34.7-36.5	7	2
2018/11/10	武蔵野S(G3)	東京ダ1600稍	10-7	36.0	34.8-36.1	3	7
2018/12/02	チャンピオンズC(G1)	中京ダ1800良	15-15-15-13	34.4	37.1-35.9	8	2
2019/04/14	アンタレスS(G3)	阪神ダ1800稍	16-16-12-11	37.3	35.3-37.6	1	4

母父でわかりやすいのはメジロマックイーンです。ドリームジャーニー、オルフェーヴル、ゴールドシップの母父として知られていますが、メジロマックイーンは延長向きで短縮が向かない血統の典型です。

オルフェーヴル自身は絶対能力が高かったのでローテによって着順がほとんど変動しませんでしたが、若いときに唯一大敗したのが初めての短縮ローテとなった京王杯2歳Sでした。スピードだけとってもオルフェーヴルがこのメンバーに負けるわけがないですし、シンザン記念と同じパフォーマンスを発揮していても、ここで10着に負けるようなことはないですから、ローテの影響が大きかったということでしょう。これくらい苦手なローテで走るというのは、馬にとってツライことなのです。

全兄であるドリームジャーニーはオルフェーヴルと違い、スピード型に出ているのに延長のほうが得意でした。朝日杯ＦＳの勝ち馬が有馬記念や天皇賞春でも好走できるわけですから。延長が得意じゃなければそんな芸当はできません。

ゴールドシップは、テンはゆっくり走って向正面からマクっていくという競馬が印象的だったように、いかにも延長向きの馬でした。

ネオユニヴァース、メジロマックイーン以外にも「延長を苦にしない血統リスト」に挙げた種牡馬はこのような特徴があるので、まずはこのリストをしっかり覚えてください。

延長が得意な血統リスト

延長が得意な種牡馬

アイルハヴアナザー
ウォーエンブレム
エンパイアメーカー
オレハマッテルゼ
キャプテンスティーヴ
キンシャサノキセキ
ゴールドシップ
コンデュイット
スズカマンボ
チーフベアハート
チチカステナンゴ
ディープスカイ
デュランダル
ドリームジャーニー
ネオユニヴァース
ノヴェリスト
ハーツクライ
ハービンジャー
フォーティナイナーズサン
ホワイトマズル
マリエンバード
メイショウサムソン
ヨハネスブルグ
ワークフォース

延長が得意な母父

アサティス
エルコンドルパサー
オジジアン
クロコルージュ
コマンダーインチーフ
スキャターザゴールド
ホワイトマズル
ミシル
メジロマックイーン
El Corredor
Forestry
Fusaichi Pegasus
Marquetry
Monsun

延長が得意な血統

Affirmed
Chief's Crown
Damascus
Silver Hawk

chapter 1

延長向きの血統のなかから異質な馬を見分ける方法

例外の馬は厄介ではなく、ありがたい存在

延長向きの血統を覚えて競馬を見ていると、「あれ？ この馬は何か違うな」と思うことがあります。特に能力の高い馬に多く、例えば、ハーツクライ産駒のジャスタウェイ、ハービンジャー産駒のブラストワンピースなどがそうです。

ジャスタウェイは初の延長ローテとなる東スポ杯2歳Ｓで4着に負け、初の短縮ローテとなるアーリントンＣを勝ちました。その後も短縮ローテで迎えた毎日王冠で12番人気2着と激走しています。本格化した後は、天皇賞秋など延長ローテでも走りましたが、好走のほとんどは短縮ローテか延長後の同距離ローテでした。これはハーツクライ産駒の中では異質と言えます。

ブラストワンピースは2戦目のゆりかもめ賞を延長ローテで勝ちました。この時点では普通のハービンジャー産駒だと思ったのですが、次走の毎日杯を短縮ローテにもかかわらず圧勝しました。その後も、延長ローテでダービー 5着、短縮ローテで新潟記念1着、延長ローテで菊花賞4着、短縮ローテで有馬記念1着と続き、ハービンジャー産駒の特徴とは真逆の成績を積み上げています。

こういう例外を見つけたときに戸惑う方もいるかもしれませんが、実は例外の馬というのはありがたいのです。不利なローテで走るということは2つの可能性が考えられます。

1　不利なローテで走れるほど能力が高い

2　血統とは真逆の特徴を持っている

こういう馬は能力が高いぶん中途半端な着順になりにくいため、他の馬よりも戦績から特徴をつかみやすいはずです。つまり、そこまでわかりやすいなら血統とは真逆の狙い方をすればいいということです。例外を利用するのです。

ニシノデイジーの札幌2歳Sが良い例です。

ハービンジャー産駒はテンの3ハロンが遅くなりやすい新馬戦では走れますが、2戦目以降でテンが速くなると苦戦する傾向があります。そのため2歳戦で活躍する産駒は多くありません。しかし、ニシノデイジーは2戦目でテンが速くなったのにもかかわらずあっさり勝ちました。私はこのとき「あれ？ 普通のハービンジャー産駒よりも強いのでは？」と思い、札幌2歳Sでは本命にしたのです。このように異質な馬というのはもともとの能力が高いことが多く、ニシノデイジーが普通の馬じゃないということは札幌2歳Sの時点ですでにわかっていました。ただ、そのあとの東スポ杯は軽視して失敗したのですが(笑)。私が思った以上に強かったということです。

ニシノデイジーのような異質な馬で儲けるためには、まず種牡馬のスタンダードを知っておかなくてはなりません。そのためにも、先ほどのリストは必ず覚えてください。

ニシノデイジーの戦績

日付	レース名	コース	位置取り	上がり	ペース	人気	着順
2018/07/08	2歳新馬	函館芝1800稍	6-6-2-3	36.0	38.4-36.0	2	2
2018/07/21	2歳未勝利	函館芝1800良	7-6-6-4	35.7	36.9-36.4	1	1
2018/09/01	札幌2歳S(G3)	札幌芝1800良	10-11-8-2	37.0	36.0-37.6	6	1
2018/11/17	東京スポ杯2歳S(G3)	東京芝1800良	8-9-9	33.9	36.2-34.6	8	1
2018/12/28	ホープフルS(G1)	中山芝2000良	4-4-6-9	35.3	37.8-35.5	3	3
2019/03/03	弥生賞(G2)	中山芝2000重	4-5-4-2	37.1	36.9-37.0	1	4
2019/04/14	皐月賞(G1)	中山芝2000良	10-10-10-10	35.9	34.8-34.7	6	17
2019/05/26	東京優駿(G1)	東京芝2400良	13-12-11-9	34.3	34.8-35.9	13	5

chapter 1

2、3歳戦は短縮狙いが基本

競馬の構造的にも理にかなっている

ハービンジャー産駒が2戦目で苦戦するという話が出たついでに、2、3歳戦での注意点について説明したいと思います。

結論から言うと、2、3歳戦で穴を狙うとしたら短縮ローテ・同距離ローテを狙うのが基本となります。反対に2、3歳戦で延長ローテを狙うシチュエーションはなかなかありません。

これには競馬の構造上の理由もあります。クラシックを狙うような素質馬はたいてい1800mや2000mの新馬戦を使ってきます。そうなると1600m以下の新馬戦を使った馬よりも、1800mや2000mの新馬戦を使ってきた馬のほうが能力が高い場合が多いのです。例えば、前走1400mを使った馬と前走1800mを使った馬が1600mで激突した場合、1800m組を狙うのが基本だということです。

仮に前走1400mを使った馬がハービンジャー産駒のような延長向き血統だったとしても、そんな血統を1400mでデビューさせるような厩舎に入る馬は弱い可能性が高いでしょう。

じゃあ、距離が延びてクラシックなら延長向き血統を積極的に狙えるか?と言われても、それもまた違います(もちろんペルシアンナイトやモズカッチャンなど好走する馬もたまにいますが)。トライアルを使って延長ローテでクラシックに出走したとしても、本番のほうがペースが速くなることが多いため、まだ腰が緩い馬は追走できずに馬群に沈んでしまうのです。もし3歳春までの間に延長向きの血統を積極的に狙っていい条件があるとしたら、青葉賞ぐらいでしょうか。青葉賞はペースが緩むことが多いので、腰が緩い馬でも強引に差せるケースが見受けられます。

このような理由で、2、3歳戦は短縮・同距離ローテ狙いが基本となります。ここで例を挙げてみましょう。

2019年1月19日の京都6Rです。8番人気2着に好走したヴァリアントの戦績を見てください。

9月29日　2歳新馬（芝1800）　3番人気5着
10月20日　2歳未勝利（芝2000）　4番人気7着
1月19日　3歳未勝利（芝1600）　8番人気2着

1800mでデビューし、延長ローテの2000mで大敗し、短縮ローテの1600mで好走するわけですが、この激走も新馬戦のメンバーを見ると納得がいくはずです。セレクトセールで2億7千万円で落札さ

ヴァリアントの戦績

日付	レース名	コース	位置取り	上がり	ペース	人気	着順
2018/09/29	2歳新馬	阪神芝1800重	4-4	36.1	36.3-36.0	3	5
2018/10/20	2歳未勝利	京都芝2000良	1-1-1-1	40.8	35.9-38.1	4	7
2019/01/19	3歳未勝利	京都芝1600良	1-1	35.9	35.5-35.9	8	2
2019/02/10	3歳未勝利	京都芝1600良	2-1	39.8	34.3-37.4	4	12
2019/04/06	3歳未勝利	阪神ダ1400良	6-3	37.8	34.7-38.2	4	2
2019/05/05	3歳未勝利	京都ダ1400良	2-2	37.6	35.4-37.8	1	1
2019/08/04	3歳以上1勝クラス	札幌芝1200良	2-2	35.0	33.5-35.2	2	1

2019年1月19日　京都6R　3歳未勝利　芝1600m良

着	馬名	父	2走前	前走	人気
1	2③オースミカテドフル	ダイワメジャー		京都芝14 8人9着	7
2	7⑬ヴァリアント	スクリーンヒーロー	阪神芝18 3人5着	京都芝20 4人7着	8
3	1①ストラール	ケープブランコ		阪神芝14 5人6着	10

単勝2,350円　複勝760円 810円 1,130円　枠連11,580円　馬連26,830円
ワイド8,060円 6,630円 14,440円　馬単45,250円　三連複246,480円　三連単1,155,700円

れた超良血馬サトノルークスを筆頭に、ディープインパクト産駒の期待馬が3頭も出走していました。また、1月19日の時点での対戦馬の成績を見ても、新馬戦で2着だったサトノルークスは500万下を勝ち上がっていましたし、3着のマイネルウィルトスは500万下を3戦連続で2着、4着ブリッツアウェイも6着アールジオールも未勝利を勝ち上がっていました。

このように1800デビュー組のほうが軒並みレベルが高いということを踏まえると、2、3歳戦は短縮狙いがお得ですし、そうするべきだと思います。

9月29日の2歳新馬　上位馬のその後（1月19日まで）

着	馬名	タイム	着差	位置取り	その後
1	8⑬ゴータイミング	1.50.9		8-7	東スポ杯15着、シンザン記念7着
2	5⑦サトノルークス	1.50.9	0.0	7-7	未勝利、500万下を連勝
3	5⑧マイネルウィルトス	1.50.9	0.0	1-1	500万下で3戦連続2着
4	6⑨ブリッツアウェイ	1.51.3	0.4	2-2	次走の2歳未勝利を1着
5	2②ヴァリアント	1.51.4	0.5	4-4	
6	7⑪アールジオール	1.51.7	0.8	4-4	次走の3歳未勝利（ダート）を1着

短縮向き・延長向きの血統はどのようにして生まれたか

ヨーロッパ競馬とアメリカ競馬の違い

同じサラブレッドのなかに、なぜ短縮向きの馬と延長向きの馬がいるのか？ これについては亀谷敬正さんに色々と勉強させていただきました。

一番大きな理由は、ヨーロッパの競馬とアメリカの競馬が別物であるということです。

ヨーロッパの競馬はスタートから道中はゆったりとしたペースで走らせて、長い直線での勝負になります。長い叩き合いをすることで脚を余すことがありません。最後は全馬が脚を使い切り、バテずに最後まで伸びた馬が勝つという仕組みになっています。

日本の競馬でいえば新潟芝外回りが近いでしょうか。日本の場合、ほとんどの競馬場の直線は300～400m程度ですから最後の600mをずっと本気で追われることはありませんが、新潟芝外回りだけは直線が600m以上あるので、ラスト3ハロンを追い続けることが可能です。しかもコーナーがきつく、3、4コーナーではスピードが出せないため、実質直線だけの勝負になります。それゆえ上がりタイムも、新潟では32秒台が頻繁に出ます。フランスでも上がり32秒台が出る日があると聞きますから、そういう点でも似ているのかもしれません。

そのような競馬で選別された血統は、テンで脚を使う能力が低いので、テンで無理をしてしまうと直線での脚をなくしてしまいます。逆に距離が延びてテンがゆっくりになれば、折り合いをつけることは得意なので、脚をためることができるわけです。

一方、アメリカの競馬は前半からトップスピードで走って、乳酸が溜まるのを耐えて耐えて、最後までどれくらい脚が動くかを競うようなレースが主流です。その代わり終いのキレ味というのはそれほど必要とされません。

そのような競馬で選別された血統は、気性も前向きでトップスピードのレベルが高く、乳酸が溜まっても動ける筋肉隆々な馬が多くなります。

つまり、アメリカもヨーロッパも脚を使い切るという点では同じですが、アメリカは前半から終始脚を使い、ヨーロッパは後半にすべて使い切るというイメージです。

以上の理由から、ヨーロッパの競馬で生き残ってきた血統は延長ローテ向き、アメリカの競馬で生き残ってきた血統は短縮ローテ向きという特徴を持っているのです。

もちろん、例外もあります。例えば、アメリカ血統でもアイルハヴアナザー、ウォーエンブレム、Damascus、キャプテンスティーヴなど、延長が得意な種牡馬がいます。ただし、これらの種牡馬はアメリカでは活躍していませんから、異質なアメリカ血統と言えるわけです。

日本の主流血統は短縮向きか？ 延長向きか？

次に日本の競馬の特徴を見ていきましょう。

適度に追走して、適度に脚を余しながらも残り2ハロンぐらいから仕掛け始め最後の1ハロン（もしくは数十メートル）にギュッとキレる脚を使う。これが日本の競馬の特徴です。要はサンデーサイレンス系が得意とする競馬です。

日本の血統は「素早くトップスピードに乗ること」「瞬間的にキレること」が強調されており、テンのスピードに対しての得意不得意が、ヨーロッパやアメリカほどはっきりしていません。そのため短縮向き、延長向きは母父の影響を受けます。母にメジロマックイーンやMonsunなどのスタミナ血統が入っている馬なら延長が得意になりますし、逆にA.P. IndyやStorm Catのようなバリバリのアメリカ血統が入れば短縮が得意になるというわけです。

また、短縮・延長の他に、高速馬場への適性、タフな馬場への適性も、アメリカの血が入っているかどうか、ヨーロッパの血が入っているかどうかで分かれます。サンデー系種牡馬の産駒を判断する場合は、母父を見ることを心がけてください。

ゆったりとしたペースで走らせて、長い直線で脚を使い切り、バテずに最後まで伸びた馬が勝つ。

延長ローテ向き

前半からトップスピードで走らせて、乳酸が溜まるのを耐えて耐えて、最後まで脚が動いた馬が勝つ。

短縮ローテ向き

適度に追走して、適度に脚を余しながら残り2ハロンから仕掛け、最後の1ハロンにギュッとキレる馬が勝つ。

得意ローテは母父に影響

chapter 1

短縮・延長が決まりやすい馬場

傾向が偏る馬場で狙えば破壊力抜群！

近年はそれほど多くありませんが、明らかに短縮有利、延長有利の馬場が出現することがあります。ここでは、それぞれの馬場がどんなときに出現するかについて解説したいと思います。

【短縮ローテが決まりやすい馬場】

短縮馬場には以下の2パターンがあります。

タフな馬場
速い上がりが出る馬場

タフな馬場では、延長ローテや同距離ローテの先行馬がバテて、短縮ローテの馬がスタミナを活かして差しやすくなります。例えば、1200mのレースに前走1600mを使った短縮ローテの馬がいたとします。1600mを走るつもりで1200mを追走させられると、延長や同距離ローテの馬と比べるとスタミナ量で差が出るため、他馬がバテるような馬場では有利になるというわけです。

こういう馬場は福島の芝コースでよく見られます。例として2017年7月9日の福島12R、彦星賞を挙げましょう。

この週は短縮ローテの馬と、ダートから芝替わりの馬の好走が目立っていました。前走ダートの馬が走れる芝というのは、かなりタフな馬場です。こういうときは短縮ローテの馬も有利になります。

彦星賞で私が本命にしたのは、ダートから芝替わりで短縮ローテという両方の条件を満たしているジュンザワールドでした。思ったよりも人気になってしまいましたが（3番人気）、期待通り2着に好走しました。結果的に、勝ったブラックバード、3着のバトルグランドリイをはじめ、短縮ローテの馬が上位を独占、3連単配当は13万9030円でした。

ダートから芝替わりの馬が走れる馬場は多くありません。だからこそ見抜くのは簡単です。この週は土曜日の7R（芝1200m）で、ダートから芝替わりで短縮ローテの馬が2～5着に好走しました。その時点で馬場がタフだと判断できたのです。

続いて、速い上がりが出る馬場についてです。

さきほどのタフな馬場とは真逆といっていい極端に速い上がりが出る馬場です。真逆なのになぜ短縮ローテの馬が走るのか？ それは、速い上がりを出せる差し馬が有利になるからです。33秒前半を使わないと差せない馬場では走れる馬が限られます。強い馬でも33秒前半のキレ味がないと上位にこれないのです。とくに先行馬は33秒前

2017年7月9日　福島12R　彦星賞　芝1200m良

着	馬名	父	2走前	前走	人気
1	8⑬ブラックバード	ダイワメジャー	京都ダ14 6人13着	東京芝14 9人13着	5
2	2②ジュンザワールド	ゼンノロブロイ	中山ダ12 1人1着	東京ダ13 1人6着	3
3	7⑪バトルグランドリイ	ブラックタイド	福島芝12 9人10着	東京芝14 4人17着	9

単勝800円　複勝300円 260円 900円　枠連2,310円　馬連3,310円
ワイド1,230円 3,600円 4,090円　馬単6,170円　三連複32,080円　三連単139,030円

前走ダートの馬の好走が目立つ馬場は、かなりタフな馬場である可能性が高く、短縮ローテが決まりやすい。このレースも前走ダート&短縮を満たすジュンザワールドと短縮馬で決まり、3連単13万馬券となった。

208万5450円の払い戻し!!

半の脚を使えない馬が多いので、能力を出し切ったとしても脚が足りなくなります。

先ほども例に挙げましたが、ロワアブソリューが勝ったオーロカップはまさにそのようなレースでした。

短縮ローテで臨んだ馬は3頭。1番人気のミスターメロディ、4番人気のテトラドラクマ、6番人気のロワアブソリューです。

実力で見ればミスターメロディがどう考えても強いですし、ローテも合っています。ですが、この馬場では走れないのです。このときの馬場はサンデー系のキレ味が必要だったのですが、米国産馬のミスターメロディはサンデー系のキレ味は持っていません。ファルコンSのときのように34秒後半の脚を使って粘るのは得意ですが、33秒前半を使わないと上位に来れない馬場ではサンデー系にキレ負けしてしまうのです（高松宮記念では33.6秒の脚を使って勝利しましたが、高速馬場でテンからスピードに乗せて惰性で出した末脚で、今回東京で必要な脚がたまったキレ味とは異なります）。

テトラドラクマも同じように、そんなに速い脚は持ち合わせていません。母母父がサンデーサイレンスですが、父がルーラーシップで母父がファルブラヴですから重たすぎます。ダートから芝替わりが走る

ミスターメロディの戦績

日付	レース名	コース	位置取り	上がり	ペース	人気	着順
2017/11/04	2歳新馬	東京ダ1300良	1-1	36.0	29.5-36.0	1	1
2017/12/02	寒椿賞(500)	中京ダ1400良	1-1	37.4	34.9-37.2	1	2
2017/12/28	エスペランサ賞(500)	中山ダ1200良	6-5	37.9	33.6-38.2	1	2
2018/02/03	3歳500万下	東京ダ1400不	3-3	36.5	34.8-36.6	1	1
2018/03/17	中スポ賞ファルコンS(G3)	中京芝1400良	4-4	34.7	34.9-35.5	3	1
2018/05/06	NHKマイルC(G1)	東京芝1600良	2-2	34.9	34.4-34.8	7	4
2018/11/11	オーロC(OP)	東京芝1400良	5-4	34.1	34.4-34.0	1	5
2018/12/22	阪神C(G2)	阪神芝1400稍	2-2	34.8	34.8-34.9	2	2
2019/02/24	阪急杯(G3)	阪神芝1400良	5-4	34.8	34.4-34.6	1	7
2019/03/24	高松宮記念(G1)	中京芝1200良	4-5	33.6	33.2-34.1	3	1

ようなタフな馬場のほうが強いタイプです。

一方、ロワアブソリューはサンデー系であり、33秒前半の脚を使って好走した経験を持っていました。

つまり、ローテと馬場両方が向いた馬がロワアブソリューで、ローテは向いているけど馬場が向いてなかったのがミスターメロディとテトラドラクマということになります。テトラドラクマは必死に上がり33秒8を出しましたが、それでもこの馬場では足りなかったのです。

ここで大事なのは、これを見て「テトラドラクマは弱い」「ミスターメロディは弱い」「2頭とも短縮が向かない」という判断を下さないことです。馬場が合っていなかっただけだと判断しなければなりません。それがわかっていれば、逆に「よしよし」と思えるはずです。「また着順が悪くなった。次狙えるぞ」と。実際にミスターメロディはそう思って阪神カップで本命にしたのですが、意外にも2番人気でした（笑）。

馬場が合わずに負けたかどうかは、血統を見ればわかります。能力で負けたのか、適性で負けたのか、そこまでわかれば短縮狙いの精度は格段に上がります。やはり競馬は考えることが楽しいわけですから、ひとつの勝ち、ひとつの負けも理由を考えながら予想するともっと楽しめるはずです。

テトラドラクマの戦績

日付	レース名	コース	位置取り	上がり	ペース	人気	着順
2017/07/22	2歳新馬	福島芝1200良	11-11	36.0	35.0-36.0	1	9
2017/10/09	2歳未勝利	東京芝1600良	3-2	34.0	35.9-34.1	6	2
2017/11/19	2歳未勝利	東京芝1600良	3-3	34.6	34.7-34.8	1	1
2018/01/07	フェアリーS(G3)	中山芝1600良	5-5-5	35.2	35.9-35.0	1	6
2018/02/12	クイーンC(G3)	東京芝1600良	2-1	35.9	34.6-35.9	3	1
2018/05/06	NHKマイルC(G1)	東京芝1600良	1-1	35.9	34.4-34.8	3	14
2018/11/11	オーロC(OP)	東京芝1400良	10-9	33.8	34.4-34.0	4	6
2019/02/03	東京新聞杯(G3)	東京芝1600良	4-4	34.9	34.5-34.7	7	12
2019/05/05	谷川岳S(L)	新潟芝1600良	12-9	33.2	35.0-33.6	3	5
2019/06/23	パラダイスS(L)	東京芝1400稍	4-4	34.1	35.8-33.9	2	10

2018年11月11日　東京11R　オーロC　芝1400m良

着	馬名	父	2走前	前走	人気
1	7⑬ロワアブソリュー	ゼンノロブロイ	東京芝14 5人1着	中京芝16 9人12着	6
2	2④アイライン	ローレルゲレイロ	新潟芝14 2人4着	新潟芝14 8人2着	3
3	1①スターオブペルシャ	ダイワメジャー	札幌芝12 14人5着	新潟芝14 1人1着	2

単勝1,230円　複勝310円 190円 190円　枠連4,240円　馬連3,350円
ワイド1,010円 1,070円 490円　馬単8,630円　三連複4,730円　三連単35,370円

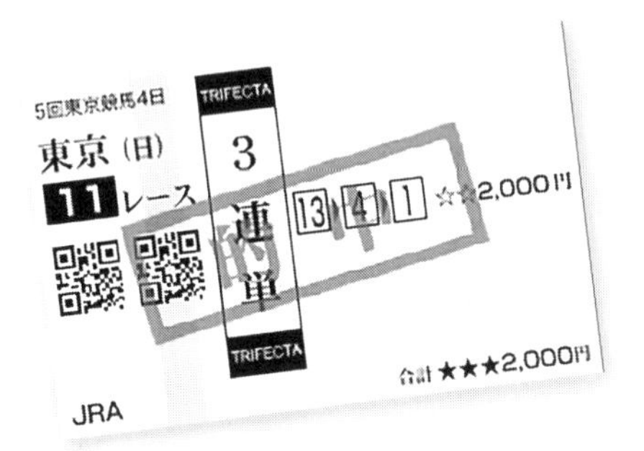

速い上がりを要する馬場では、キレ味のある短縮馬が狙い目となる。短縮ローテで臨んだ3頭のうち、ロワアブソリューだけが速い上がりでの好走実績があった。

70万7400円の払い戻し!!

【延長ローテが決まりやすい馬場】

もっともわかりやすいのは、一昔前の開幕週の軽い馬場なのですが、今はシャタリングなどの馬場管理の影響で開幕週がタフになることが多く、延長馬場はあまり出現しません。

延長有利の馬場は軽い馬場ではあるのですが、前残り馬場ともちょっと違います。中団から後方にいて、マクっていける馬場というほうがイメージ的には近いでしょう。このような馬場は小倉の芝コースで稀に見られます。

延長有利な馬場では、延長が得意な血統ではなくても注意が必要です。普段短縮ローテで走っている馬が突然延長ローテで走ります。むしろ、高速馬場適性のある短縮向き血統のほうが恵まれることのほうが多いのです。延長向きの血統が走る馬場が延長が決まりやすい馬場ではないということは覚えておいてください。

chapter 2

種牡馬の凄いクセ

1頭の種牡馬の
凄いクセをつかむだけで
1千万円稼ぐ

ディープインパクト

2002年生
鹿毛 早来産

主な勝ち鞍 クラシック三冠、天皇賞春、宝塚記念、ジャパンC、有馬記念

父	父父 / 父母		
サンデーサイレンス	Halo	Hail to Reason	Turn-to
			Nothirdchance
		Cosmah	Cosmic Bomb
			Almahmoud
	Wishing Well	Understanding	Promised Land
			Pretty Ways
		Mountain Flower	Montparnasse
			Edelweiss
ウインドインハーヘア	Alzao	Lyphard	Northern Dancer
			Goofed
		Lady Rebecca	Sir Ivor
			Pocahontas
	Burghclere	Busted	Crepello
			Sans Le Sou
		Highclere	Queen's Hussar
			Highlight

代表産駒（総賞金順）

ジェンティルドンナ、サトノダイヤモンド、ショウナンパンドラ、ミッキーアイル、マカヒキ、アルアイン、ミッキークイーン、ダノンシャーク、スマートレイアー、キズナ、トーセンラー

広いコースでペースが緩むときが狙い目

ディープインパクト産駒の武器と言えば瞬発力です。2ハロンもしくは1ハロンの瞬発力を求められるレースでもっとも力を発揮し、逆に4～5ハロンの持続力勝負になると持ち味を活かせなくなるのが、ディープ産駒の基本的な特徴です。

延長向きとまでは言いませんが、ペースが緩んで直線で瞬発力勝負という形は得意なので、延長ローテも苦にしない産駒も多いです。特に広いコースでペースが緩みそうなときが狙い目です。東京芝1600m、東京芝2000mなど、いわゆる荒れにくいコースで力を

発揮しやすく、逆にローカルの芝1800mのようにペースが流れて追走に脚を使い、直線も短いというようなレースは苦手です。

もちろん個体差があるので例外もいます。その個体差を血統で判断する方法があるので、紹介したいと思います。

ディープ産駒は母父で傾向が異なる

ディープ産駒は母父がアメリカ血統かヨーロッパ血統かによって、傾向が異なります。

ストームキャット系、ミスプロ系、ヴァイスリージェント系など、母父がアメリカ血統のディープ産駒は、スピード寄りで、高速馬場適性が高いので、短縮ローテも得意です（延長が苦手な産駒も多くいます)。こういうタイプは仕上がりが早く、2、3歳戦での活躍が目立ちます。

一方、母父がヨーロッパ血統のディープ産駒は、2、3歳の時点では腰が緩いタイプが多く、完成が遅くなりがちです。

では、ディープ産駒は母父がアメリカ血統の馬のほうが優れているのか?というと、そういうわけではありません。

母父がアメリカ血統のディープ産駒は、古馬になってから体が硬くなり、速い上がりを出せなくなる傾向があります。とくに馬体重が500キロを超える大型馬にその傾向が顕著です。若い頃は柔軟性があって瞬発力を使えていた馬が、筋肉がついていくことによって瞬発力が削がれ、勝ち切れなくなったり速いタイムに対応できなくなったりするのです。

2016年のダービーを勝ったマカヒキも本来は高速馬場向きの血統ですが、筋骨隆々になってしまったことで、いまや時計の出ない遅い馬場でしか走れなくなっています。

サトノダイヤモンドも同じように、体が完成するごとに瞬発力がなくなっていき、往年の輝きを取り戻すことはありませんでした。

逆に、母父がヨーロッパ血統のディープ産駒は、古馬になって腰に力がつくとより瞬発力を発揮できる馬が多く、母父アメリカ血統の産駒に比べて伸びしろがあります。

結局、ディープ産駒の武器は瞬発力ですから、それを失ったらただの馬です。若い頃のイメージのまま馬券を買うと痛い目にあいます。

母父がアメリカ血統か、ヨーロッパ血統か? 武器である瞬発力が使えそうか? ディープ産駒については、この2点を見ることが大事です。

劣化しないディープ産駒

母父がヨーロッパ血統の馬以外にも劣化しないディープ産駒はいます。

わかりやすいのは牝馬です。ジェンティルドンナのように、牝馬は古馬になっても瞬発力を維持する傾向があります。牝馬はもともと柔らかい馬が多いですし、牡馬に比べれば馬体も大きくありません。人間でもそうですが、体が大きいほうが脚の回転を速くするのは大変ですし、ストライドを伸ばして走るようになると瞬発力は失われてしまいます。

また、若い頃からある程度筋肉量があり、先行して瞬発力をそれほど活かしていないディープ産駒も劣化しない傾向があります。例を挙げるとすると、アルアインやダノンプレミアムのようなタイプです。若い頃に瞬発力だけで頑張っていたディープ産駒は、古馬になって瞬発力がなくなると劣化しますが、もともと瞬発力だけに頼っていない産駒はそうなりにくいということです。

あとは、たまにローカルが得意なディープ産駒がいますが、そういう馬はたいてい体が大きく、瞬発力がありません。高齢になっても穴をあけることがありますが、母父の影響が強く出ているので、そもそもディープ産駒だと思う必要はないでしょう。

古馬のGⅠを勝つ母父アメリカ血統の共通点

母父がアメリカ血統の産駒でも、古馬のGⅠを勝った馬はいます。ただ、それらの馬には共通点がありました。それは牝系にヨーロッパ色の強い血を持っているということです。

リアルスティールは母父Storm Catですが、4歳時にドバイターフを勝ち、天皇賞秋でも2着に好走。そして翌年の毎日王冠では32秒8の上がりを繰り出して勝ちました。古馬になっても瞬発力は削がれていません。

リアルスティールの血統を見ると、3代母にMiesqueがいます。Miesqueは英仏の1000ギニー、ジャック・ル・マロワ賞、ムーラン・ド・ロンシャン賞、ブリーダーズカップマイルなどGⅠ10勝をあげた名牝で、Kingmamboの母としても知られています。Miesqueは米国産ですが、この一族はヨーロッパで多数のGⅠ馬を輩出しています。

リアルスティールの血統表

ディープインパクト	サンデーサイレンス	Halo	Hail to Reason
			Cosmah
		Wishing Well	Understanding
			Mountain Flower
	ウインドインハーヘア	Alzao	Lyphard
			Lady Rebecca
		Burghclere	Busted
			Highclere
ラヴズオンリーミー	Storm Cat	Storm Bird	Northern Dancer
			South Ocean
		Terlingua	Secretariat
			Crimson Saint
	Monevassia	Mr. Prospector	Raise a Native
			Gold Digger
		Miesque	Nureyev
			Pasadoble

また、2013年のマイルCSを勝ったトーセンラーと、2014年の天皇賞秋を勝ったスピルバーグは全兄弟（母父はLycius）ですが、この2頭の牝系はLyphardを出した系統としても知られています。

このように母父がアメリカ血統でも、ヨーロッパの強力な牝系を持つ馬については例外と考えてもいいかもしれません。

あとは、戦歴から瞬発力を維持しているかを確認してください。ディープ牡馬は年をとるごとにキレ味を失っていく馬が多いので、過去の栄光でずっと1番人気になっているケースが頻繁にあります。そういう馬を軽視するというのは、馬券的に非常に有効です。

POINT ディープインパクトのクセ

1. 母父がアメリカ血統か、ヨーロッパ血統か？ 武器である瞬発力が使えそうか？ を見ることが大事。
2. 母父がアメリカ血統の牡馬は仕上がりが早くクラシック向き。ただし、古馬になると筋肉がつきすぎてキレ味が鈍る（とくに大型馬）。
3. 母父がヨーロッパ血統の牡馬は仕上がりが遅く若い頃は緩すぎて追走ができないが、古馬になって力がつくと開花するため、伸びしろがある。
4. 牝馬は瞬発力を失いにくく、牡馬に比べて長く活躍できる馬が多い。

Sample Race

2016年12月18日　阪神11R　朝日杯FS　阪神芝1600m良

着	馬名	父	2走前	前走	人気
1	8⑰サトノアレス	ディープインパクト	中山芝18 1人1着	東京芝16 2人1着	6
2	5⑩モンドキャンノ	キンシャサノキセキ	函館芝12 1人2着	東京芝14 3人1着	7
3	2④ボンセルヴィーソ	ダイワメジャー	京都芝14内 3人1着	京都芝16外 8人2着	12

単勝1,420円　複勝390円 410円 910円　枠連3,140円　馬連5,980円
ワイド1,690円 4,240円 4,090円　馬単11,430円　三連複42,820円　三連単221,200円

252万6000円の払い戻し!!

サトノアレスの前走(ベゴニア賞)は展開不利がありながら差し切る強い内容。前走よりも瞬発力が活かせる馬場で4角12番手から差し切った。2着のモンドキャンノはキンシャサノキセキの延長ローテ。

2019年4月21日　京都4R　3歳未勝利　芝1200m良

着	馬名	父	2走前	前走	人気
1	3⑥エピックガール	ディープインパクト	京都芝14内 5人4着	京都芝16内 6人7着	2
2	7⑬ペプチドルーカス	ルーラーシップ	京都芝12 2人3着	京都芝12 1人2着	1
3	2④オウケンラブルナ	ディープブリランテ	京都ダ14 6人3着	中京ダ14 5人8着	11

単勝440円　複勝190円 150円 820円　枠連1,140円　馬連1,180円
ワイド480円 1,820円 3,490円　馬単2,300円　三連複14,630円　三連単55,460円

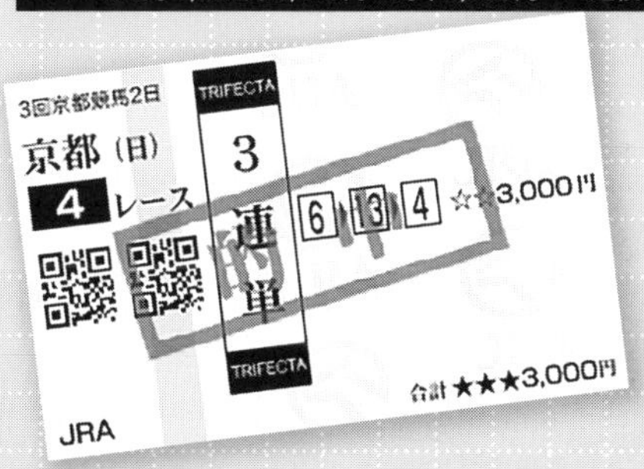

母父米国系の短縮(エピックガールの母父はミスプロ系のPetionville)。高速上がりを出せる京都芝1200mへの短縮はベストな条件。

166万3800円の払い戻し!!

キングカメハメハ

2001年生
鹿毛 早来産

主な勝ち鞍 **NHKマイルC、ダービー、毎日杯、神戸新聞杯**

Kingmambo	Mr. Prospector	Raise a Native	Native Dancer
			Raise You
		Gold Digger	Nashua
			Sequence
	Miesque	Nureyev	Northern Dancer
			Special
		Pasadoble	Prove Out
			Santa Quilla
マンファス	ラストタイクーン	トライマイベスト	Northern Dancer
			Sex Appeal
		Mill Princess	Mill Reef
			Irish Lass
	Pilot Bird	Blakeney	Hethersett
			Windmill Girl
		The Dancer	Green Dancer
			Khazaeen

代表産駒（総賞金順）

ホッコータルマエ、レイデオロ、ラブリーデイ、ローズキングダム、ロードカナロア、アパパネ、ルーラーシップ、ドゥラメンテ、トゥザグローリー、レッツゴードンキ、ヤマカツエース

母父の色を出す種牡馬

キングカメハメハ産駒には様々なタイプがいます。芝、ダート、短距離、中長距離、あらゆる条件で活躍馬がいるように、「キングカメハメハ産駒はこんなタイプ」と一口に言うことはできません。これは、ディープインパクトと同じようにキングカメハメハが母父の色をよく出す種牡馬だからです。実際に、私も母の血統のイメージで向き合っています。

母系の色を強く出すというのはキングカメハメハ自身に大きな欠点がないからこそであり、優秀な種牡馬の証です。現役種牡馬で他に思いつくのはロードカナロアぐらいで、決して多くはありませんので、ディープインパクト、キングカメハメハ、ロードカナロアの3種牡馬は母の血統を見ることを心がけましょう。

まず、キングカメハメハ産駒の母父を見る際は、サンデー系かそれ以外かを確認してください。例えば、母父サンデーサイレンスならほぼ瞬発力型になりますので、サンデーサイレンス産駒だと考えればいいのです。よくキングカメハメハ産駒は持続力型か瞬発力型かみたいな話を耳にしますが、それも母父によって決まります。母父がサンデー系なら瞬発力型、ダート寄りのアメリカ血統なら持続力型、ヨーロッパ血統ならスタミナ型になります。

これだけ母父の影響を強く出す種牡馬ですので、「キングカメハメハ産駒だからこのコース、このローテで狙える」なんていうのは成立しません。データ分析も困難です。なので「キンカメ産駒は……」と考えるのは最初から諦めて、母の血統で判断するというのが正しいアプローチだと私は考えます。

産駒の共通点は高速馬場適性の高さ

ひとつだけキングカメハメハ産駒共通の特徴を挙げるとすれば、それは高速馬場適性が高くなるという点でしょう。これはキングマンボ系の特徴でもあります。

キングカメハメハはダービーをレコードで勝ちましたが、追走で脚がなくなるようなあのペースで最後まで脚を動かせられるわけですから、乳酸に耐える能力は凄まじいものがあります。それは産駒にも遺伝しています。

2018年秋の東京芝は高速馬場でしたが、2分20秒6という驚異的なレコードタイムが出たジャパンCでは、アーモンドアイ（父ロードカナロア）、キセキ（父ルーラーシップ）という、ともにキングカメハメハを祖父に持つ馬のワンツーでした。また、同日の東京3Rで東京芝2000mの2歳レコードを記録したヴァランディはキングカメハメハ産駒、東京7Rのベゴニア賞の1、2着はロードカナロア産駒でした。このように東京芝の高速馬場はキングカメハメハ産駒が得意とする条件ですので、覚えておいたほうがいいでしょう。

ただし、ミッキーロケットぐらい母の血統が欧州型で重厚だと、高速馬場がこなせないこともありますのでそこだけは注意してください。

母父の影響が戦績にも表れる

それでは代表産駒の血統を見ながら、特徴を分析していきましょう。

まずはレイデオロですが、母の血統が顕著に出ている好例でしょう。牝系がスピード血統なので基本的には短縮ローテ向きで、短縮で迎えた天皇賞秋では圧倒的な強さを見せました。ただし、短縮ローテでも2018年の京都記念のようなタフな条件は合いません。

充実期は延長ローテでも走れましたが、この成長力は牝系からく

レイデオロの戦績

日付	レース名	コース	位置取り	上がり	ペース	人気	着順
2016/10/09	2歳新馬	東京芝2000重	4-5-3	34.6	37.7-35.0	1	1
2016/12/03	葉牡丹賞(500)	中山芝2000良	9-11-11-10	34.7	36.3-35.9	1	1
2016/12/25	ホープフルS(G2)	中山芝2000良	12-12-11-8	35.7	35.6-36.6	1	1
2017/04/16	皐月賞(G1)	中山芝2000良	16-16-16-14	34.0	35.1-34.5	5	5
2017/05/28	東京優駿(G1)	東京芝2400良	13-14-2-2	33.8	37.1-33.8	2	1
2017/09/24	神戸新聞杯(G2)	阪神芝2400良	4-4-3-3	34.1	36.9-34.5	1	1
2017/11/26	ジャパンC(G1)	東京芝2400良	11-9-9-7	34.6	36.3-35.1	2	2
2018/02/11	京都記念(G2)	京都芝2200重	6-6-2-3	36.4	37.3-36.3	1	3
2018/03/31	ドバイシーマC(G1)	メイダン芝2410良				2	4
2018/09/23	オールカマー(G2)	中山芝2200良	8-8-8-8	34.3	35.9-35.3	1	1
2018/10/28	天皇賞秋(G1)	東京芝2000良	6-5-5	33.6	36.2-34.5	2	1
2018/12/23	有馬記念(G1)	中山芝2500稍	9-9-9-8	35.4	30.2-36.9	1	2
2019/03/30	ドバイシーマC(G1)	メイダン芝2410良				1	6
2019/06/23	宝塚記念(G1)	阪神芝2200良	6-6-5-5	36.0	35.5-35.3	2	5

るものです。母母のレディブロンドは5歳で初出走にもかかわらずTVh杯（1000万下）を勝つという衝撃的なデビューを飾りました。ディープインパクトの姉だけに能力が高いのは間違いありませんが、1000万下でのデビュー勝ちは衝撃でした。

ユーキャンスマイルは母の特徴を強く出しており、延長ローテを得意としています。菊花賞3着、ダイヤモンドS1着時はともに延長ローテでした。母のムードインディゴは延長ローテで秋華賞2着の実績があるように、明らかに延長ローテのほうが得意でした。

レッドヴェイロンは母父がダンシングブレーヴなので短縮ローテでのパフォーマンスのほうが高いタイプです。GⅠ3着の実力があっても、延長ローテだと準オープンでも負けてしまう。それがダンシングブレーヴの影響なのです。

ロシュフォールは母父フレンチデピュティですが、母母父であるサンデーの色が強いタイプで、東京の瞬発力勝負を得意としています。こういうパターンもありますので、サンデーを持っているかどうかはしっかり確認してください。

レッドヴェイロンの戦績

日付	レース名	コース	位置取り	上がり	ペース	人気	着順
2017/10/28	2歳新馬	京都芝1800稍	3-2	36.7	36.5-36.7	3	2
2017/11/25	2歳未勝利	京都芝1800良	5-5	35.2	36.7-35.2	1	5
2017/12/16	2歳未勝利	阪神芝1600良	12-12	33.5	36.0-34.4	1	2
2018/02/10	3歳未勝利	京都芝1800良	2-2	34.7	36.6-34.7	2	2
2018/03/03	3歳未勝利	阪神芝1800良	1-1	34.2	36.1-34.2	1	1
2018/04/14	アーリントンC(G3)	阪神芝1600良	11-12	34.1	34.5-34.7	4	3
2018/05/06	NHKマイルC(G1)	東京芝1600良	11-12	34.1	34.4-34.8	9	3
2018/07/22	3歳以上500万下	中京芝1600良	9-9-9	34.5	34.0-35.5	1	1
2018/10/07	鷹巣山特別(1000)	東京芝1600良	5-4	33.2	36.4-33.5	1	1
2018/11/11	修学院S(1600)	京都芝1800良	5-5	33.5	36.6-34.1	1	2

ロシュフォールの戦績

日付	レース名	コース	位置取り	上がり	ペース	人気	着順
2018/04/14	3歳未勝利	中山芝2000良	17-17-2-2	35.3	37.1-34.8	2	6
2018/05/27	3歳未勝利	東京芝2000良	7-6-6	33.9	37.3-34.7	2	1
2018/08/04	3歳以上500万下	新潟芝1800良	15-15	32.6	35.1-33.6	1	1
2018/10/14	三年坂特別(1000)	京都芝1600良	5-6	33.1	36.8-33.8	1	2
2018/11/11	tvk賞(1000)	東京芝1800良	8-7-9	32.8	36.2-33.7	1	1
2019/02/17	アメジストS(1600)	東京芝2000良	8-8-7	33.2	36.0-33.9	2	1
2019/04/29	新潟大賞典(G3)	新潟芝2000良	15-15	32.8	36.2-33.7	1	3
2019/07/70	七夕賞(G3)	福島芝2000稍	11-11-11-11	37.7	34.3-37.5	1	11
2019/08/11	関屋記念(G3)	新潟芝1600良	11-9	33.2	34.7-34.1	3	9

POINT キングカメハメハのクセ

1 母父がサンデー系なら瞬発力型、ダート寄りのアメリカ血統なら持続力型、ヨーロッパ血統ならスタミナ型。

2 産駒共通の特徴は、高速馬場適性の高さ。

3 東京芝の高速馬場はキングカメハメハ産駒が得意とする条件。

Sample Race

2017年5月27日　京都11R　朱雀S　京都芝1400m外良

着	馬名	父	2走前	前走	人気
1	4⑧ロードセレリティ	キングカメハメハ	東京芝14 10人1着	中京芝14 3人12着	9
2	8⑯コウエイタケル	ステイゴールド	阪神芝12 5人4着	京都芝12 9人11着	14
3	4⑦ラベンダーヴァレイ	ディープインパクト	阪神芝16 5人2着	東京芝14 3人9着	5

単勝2,720円　複勝910円 1,630円 450円　枠連7,710円　馬連71,630円
ワイド13,080円 5,290円 11,850円　馬単107,290円　三連複398,390円　三連単1,855,470円

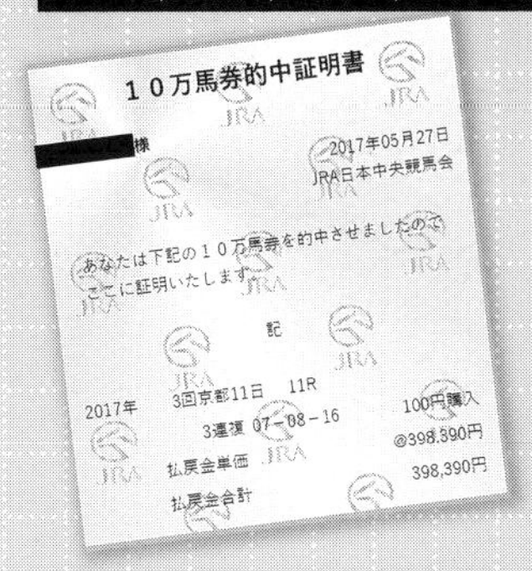
10万馬券的中証明書
様
2017年05月27日
JRA日本中央競馬会
あなたは下記の10万馬券を的中させましたので
ここに証明いたします。
記
2017年　3回京都11日　11R　100円購入
3連複 07−08−16
払戻金単価　@398,390円
払戻金合計　398,390円

ロードセレリティは母父がリンデーリイレンスで瞬発力勝負が得意な馬。前走はハイペースを先行して負けていたが、ペースが緩み速い上がりが出せる流れなら巻き返せる。

39万8390円の払い戻し!!

2017年6月10日　阪神2R　3歳未勝利　ダ1400m稍重

着	馬名	父	2走前	前走	人気
1	5⑨スズカチャレンジ	スウェプトオーヴァーボード	阪神ダ12 6人10着	京都ダ14 8人5着	9
2	3⑤メイショウナンプウ	ネオユニヴァース	京都ダ14 8人10着	京都ダ14 7人3着	6
3	7⑭ルリオン	キングカメハメハ	中京ダ18 4人8着	京都芝14内 14人17着	15

単勝1,820円　複勝540円 270円 4,530円　枠連3,410円　馬連6,380円
ワイド1,600円 33,880円 22,870円　馬単12,900円　三連複340,810円　三連単1,632,920円

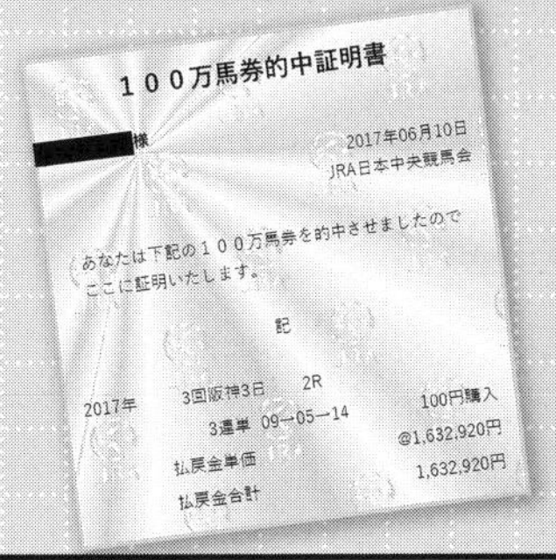
100万馬券的中証明書
様
2017年06月10日
JRA日本中央競馬会
あなたは下記の100万馬券を的中させましたので
ここに証明いたします。
記
2017年　3回阪神3日　2R　100円購入
3連単 09→05−14
払戻金単価　@1,632,920円
払戻金合計　1,632,920円

ルリオンは母父Storm Cat 、母母父フォーティナイナー、母母母父Vice Regentと、牝系がダート血統。前走は芝で大敗したが、ダート替わりで激走。

163万2920円の払い戻し!!

ハーツクライ

2001年生
鹿毛　千歳産

主な勝ち鞍　有馬記念、[首]ドバイシーマクラシック、京都新聞杯

サンデーサイレンス	Halo	Hail to Reason	Turn-to
			Nothirdchance
		Cosmah	Cosmic Bomb
			Almahmoud
	Wishing Well	Understanding	Promised Land
			Pretty Ways
		Mountain Flower	Montparnasse
			Edelweiss
アイリッシュダンス	トニービン	カンパラ	Kalamoun
			State Pension
		Severn Bridge	Hornbeam
			Priddy Fair
	ビューパーダンス	Lyphard	Northern Dancer
			Goofed
		My Bupers	Bupers
			Princess Revoked

代表産駒(総賞金順)

シュヴァルグラン、ジャスタウェイ、スワーヴリチャード、リスグラシュー、ウインバリアシオン、ヌーヴォレコルト、フェイムゲーム、ワンアンドオンリー、カレンミロティック

完全なる延長ローテ型の種牡馬

ハーツクライは完全に延長ローテ型の種牡馬です。主張も強く、どんな母父でも基本的には延長ローテが得意になります。トモが緩い産駒が多いため、ペースが上がると追走できないというのが一番の理由です。

ハーツクライのすごいところは、前走距離成績にもはっきりと出るくらい好走が延長ローテに偏っている点です。複勝率を見てもそうですし、複勝回収率で見ると10ポイントほどの差が出ています。全体成績を見て、短縮ローテと延長ローテにこれほど差がある種牡馬と

いうのはなかなかいません。

2017年、2018年のGⅠを見ても、ハーツクライ産駒は15回馬券に絡んでいますが、そのうち9回が延長ローテで、短縮ローテで馬券に絡んだことは1回しかありません。しかも、その1回もスワーヴリチャードの安田記念（1番人気3着）です。スワーヴリチャードの能力を考えれば、あの3着はパフォーマンスを落としていると言わざるをえません。

その他の産駒の戦績を見てもその傾向は顕著です。

キョウワジャンヌの秋華賞、ウインバリアシオンの菊花賞、天皇賞春、有馬記念、ヌーヴォレコルトのオークス、ワンアンドオンリーのダービー、カレンミロティックの宝塚記念、天皇賞春、シュヴァルグランの天皇賞春、有馬記念など、延長ローテでのGⅠ好走例は多数あります（ジャスタウェイについては後述）。

この傾向は長距離だけではありません。ツルマルレオンやペイシャフェリシタなど、1200mで通用するスピードを持っている馬ですら、延長ローテや短縮ローテで負けた後の同距離で走るのですから、ハーツクライの主張の強さは筋金入りと言っていいでしょう。

ハーツクライ産駒は「短縮苦手、延長得意」。それだけ知っているだけでも馬券的には非常に有利になります。

なお、私自身は母父を見ることもありますが、「高速馬場ならアメリカ血統」「タフな馬場ならヨーロッパ血統」と考える程度で、延長が得意という一点においては揺るぎがありません。

2、3歳戦での狙い方

ハーツクライ産駒は、2、3歳時はトモが緩くて追走ができず、古馬になって筋肉がついてくるとようやく追走できるようになるため晩成傾向になります。

新馬戦は大抵ペースが緩くなるので追走できなくても好走できるのですが、2戦目でペースが上がると着順を落とすというのがひとつのパターンになります。

したがって、2、3歳戦ではなかなか狙いづらいのですが、2000m以上へ距離を延ばしたときに穴をあけることがあります。出走馬の多くが初めての距離延長であれば、ハーツクライ産駒の延長適性が大きなアドバンテージになるからです。1章で解説した通り、延長ローテが得意な種牡馬は全体の2割ですから、他の馬が初めての延長ローテを苦にするなかで、優位に立てるというわけです。

新馬戦でそこそこ好走し、2戦目で着順を落とし、3戦目で距離を延ばす。このパターンは覚えておきましょう。

例外馬の見抜き方

稀にジャスタウェイ、リスグラシューなど、短縮ローテをこなす産駒も出ますが、それらの例外馬はハーツクライの欠点を持たない馬ですので、GＩを勝てるぐらいの名馬になります。

ただ、そういう例外馬は覚えやすいので、馬券には使いやすいとも言えます。ハイペースで追走させると末脚を失うのがハーツクライ産駒の特徴なので、それができる馬についてはハーツクライ産駒扱いしないようにすればいいでしょう。

他の種牡馬にも言えますが、強い産駒だけを見ても種牡馬の特徴はつかめません。多くの人は代表産駒のイメージで種牡馬の特徴を考えがちですが、例外であることが多いため、それらの馬の戦績で種牡馬の弱点まで知ることは難しいのです。そうは言っても、ハーツクライ産駒には例外は少ないので、延長狙い一本でも儲けることはできるでしょう。

POINT ハーツクライのクセ

1 主張が強く、どんな母父でも基本的には延長ローテが得意になる。

2 「短縮苦手、延長得意」。それだけ知っているだけでも馬券的には非常に有利。

3 2、3歳戦では、2000m以上へ距離を延ばしたときに穴をあけやすい。

Sample Race

2018年4月28日　東京11R　青葉賞　芝2400m良

着	馬名	父	2走前	前走	人気
1	5⑨ゴーフォザサミット	ハーツクライ	東京芝18 4人4着	中山芝18 4人7着	6
2	7⑮エタリオウ	ステイゴールド	京都芝24 3人2着	阪神芝24 2人2着	7
3	5⑩スーパーフェザー	ディープインパクト	小倉芝20 2人2着	阪神芝24 1人1着	1

単勝1,460円　複勝320円 410円 150円　枠連1,710円　馬連10,940円
ワイド2,810円 890円 1,080円　馬単19,390円　三連複10,910円　三連単101,530円

186万6120円の払い戻し!!

1章でも解説したゴーフォザサミットは、500万下勝利も延長ローテ、今回も2400mへの延長ローテ。エタリオウとスーパーフェザー以外は延長ローテというメンバー構成で、延長得意のアドバンテージを活かした。

ステイゴールド

1994年生
黒鹿毛 白老産

主な勝ち鞍 [香]香港ヴァーズ、目黒記念、日経新春杯、[首]ドバイシーマクラシック

サンデーサイレンス	Halo	Hail to Reason	Turn-to
			Nothirdchance
		Cosmah	Cosmic Bomb
			Almahmoud
	Wishing Well	Understanding	Promised Land
			Pretty Ways
		Mountain Flower	Montparnasse
			Edelweiss
ゴールデンサッシュ	ディクタス	Sanctus	Fine Top
			Sanelta
		Doronic	Worden
			Dulzetta
	ダイナサッシュ	ノーザンテースト	Northern Dancer
			Lady Victoria
		ロイヤルサッシュ	Princely Gift
			Sash of Honour

代表産駒(総賞金順)

ゴールドシップ、オルフェーヴル、ドリームジャーニー、オジュウチョウサン、フェノーメノ、レインボーライン、ナカヤマナイト、シルクメビウス、ウインブライト、ナカヤマフェスタ、クロコスミア

サンデー系のなかでもタフな馬場への適性が高い

ステイゴールドはサンデー系のなかでもパワー色が強く、タフな馬場への適性が高い種牡馬です。血統を見ても、母父ディクタスも母母父ノーザンテーストもヨーロッパのGⅠウイナーですから、血統の印象通りと言っていいでしょう。

ステイゴールド自身のベストパフォーマンスはドバイシーマクラシックと香港ヴァーズでしたし、産駒もナカヤマフェスタ、オルフェーヴル、ウインブライトなど、日本よりも馬場がタフなフランスや香港で結果を出しています。

ステイゴールド産駒の一番の狙いどころは、日本の標準的な馬場よりもちょっとタフな馬場のときです。基本的にはサンデー系種牡馬ですから、「日本適性」と「タフさ」両方が求められる馬場なら、ステイゴールドに勝る種牡馬はいないでしょう。

もしサンデー系が走れなくなるほどのタフな馬場になったとしても、ステイゴールド産駒は走ることがあるので注意が必要です。逆に、軽さやスピードが求められる馬場のほうが持ち味を発揮できなくなります。

これらの特徴は、ディープ産駒と比較するとわかりやすくなります。

2017年と2018年のヴィクトリアマイルはともに稍重でしたが、ステイゴールド産駒のアドマイヤリードが勝った2017年は1分33秒9、ディープ産駒のジュールポレールが勝った2018年は1分32秒3で、勝ちタイムに1秒6もの差がありました。やはり時計が速い馬場ではディープ産駒、時計がかかるとステイゴールド産駒という図式になっています。

ただし、なかにはインディチャンプのような馬もいます。インディチャンプは2019年の安田記念を1分30秒9というタイムで勝ちましたが、母父キングカメハメハ、母母父メドウレイクという超高速血統の塊なので対応できただけです。あくまでも例外と捉えてください。例外に目を向けすぎて本質を見失うようなことがないように気を付けましょう。

小脚が利くため小回り適性が高い

ステイゴールド産駒のもうひとつの特徴は、小回り適性の高さです。内回りコースで行われる宝塚記念や有馬記念で強いというのも、これが理由でしょう。

広いコースではディープ産駒のほうが強く、小回りコースだと小脚が使えるぶんステイゴールド産駒のほうが強いというイメージです。例えば、函館芝1800mでディープ産駒は狙えませんが、ステイゴールド産駒は狙えます。小回り適性の差はそれくらいあります。

これはステイゴールドの母母父であるノーザンテーストの血によるものかもしれません。ノーザンテーストは脚が短く、小脚を効かせた走りが特徴だったそうで、それがステイゴールド産駒のローカル適性につながっていると考えられます。

ウインブライトにしてもサンデー系が苦手な重賞と言われている中山記念を2年連続で勝っていますし、2019年の2着もオルフェーヴル産駒のラッキーライラックでした。このときは2頭とも短縮ローテでしたが、ステイゴールド産駒は延長ローテもそれほど苦にしないので、ローテーションを重視する必要はないでしょう（オルフェーヴル産駒は完全な短縮向きですが、それについては後述）。

サンデー系が速い脚を使えないタフな馬場で、ローカル適性が求められたときに力を発揮する。まずはこれだけをしっかり覚えてください。

POINT　ステイゴールドのクセ

1. **サンデー系のなかでもパワー色が強く、タフな馬場への適性が高い。**
2. **一番の狙いどころは、「日本適性」と「タフさ」両方が求められる馬場。**
3. **小回り適性が高く、中山、阪神内回り、ローカルに強い。**

Sample Race

2017年11月5日　京都8R　3歳以上500万下　芝2000m良

着	馬名	父	2走前	前走	人気
1	4⑥メイケイレジェンド	ステイゴールド	東京芝20 3人8着	新潟芝22 7人6着	3
2	3③メルヴィンカズマ	ヴィクトワールピサ	阪神芝20 4人12着	新潟芝20 4人5着	6
3	5⑦シャドウブリランテ	ディープブリランテ	京都芝20 1人1着	東京芝20 1人3着	1

単勝960円　複勝210円 260円 110円　枠連1,480円　馬連4,510円
ワイド1,470円 600円 510円　馬単9,510円　三連複3,810円　三連単41,860円

58万9700円の払い戻し!!

メイケイレジェンドは上がりのかかるタフな競馬が得意な馬。33秒台の末脚を求められるレースでは惨敗するが、このレースのように35秒台の勝負になれば力を発揮できる。

2017年11月25日　京都9R　高雄特別　芝2400m良

着	馬名	父	2走前	前走	人気
1	8⑬メイケイレジェンド	ステイゴールド	新潟芝22 7人6着	京都芝20 3人1着	3
2	8⑭ビッププレボルシオン	マンハッタンカフェ	阪神芝24 6人3着	新潟芝20 3人5着	9
3	6⑩スティルウォーター	キングカメハメハ	阪神芝26 1人2着	京都芝22 3人1着	2

単勝830円　複勝400円 1,200円 280円　枠連14,880円　馬連13,550円
ワイド3,500円 840円 3,100円　馬単23,940円　三連複24,220円　三連単159,830円

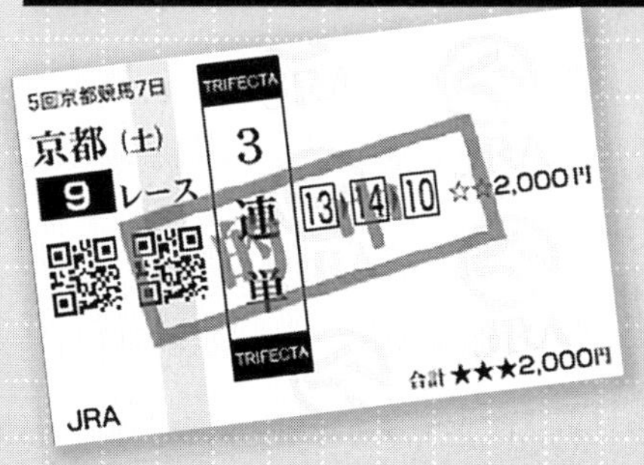

上のレースの次走、メイケイレジェンドは上がりのかかる馬場で連勝。3着馬の母父もステイゴールドだった。

319万6600円の払い戻し!!

ダイワメジャー

2001年生
栗毛 千歳産

主な勝ち鞍 皐月賞、天皇賞秋、マイルCS、安田記念、マイラーズC、毎日王冠

サンデーサイレンス	Halo	Hail to Reason	Turn-to
			Nothirdchance
		Cosmah	Cosmic Bomb
			Almahmoud
	Wishing Well	Understanding	Promised Land
			Pretty Ways
		Mountain Flower	Montparnasse
			Edelweiss
スカーレットブーケ	ノーザンテースト	Northern Dancer	Nearctic
			Natalma
		Lady Victoria	Victoria Park
			Lady Angela
	スカーレットインク	Crimson Satan	Spy Song
			Papila
		Consentida	Beau Max
			La Menina

代表産駒(総賞金順)

カレンブラックヒル、コパノリチャード、ダイワマッジョーレ、ナックビーナス、アドマイヤマーズ、サンライズメジャー、ブルドッグボス、メジャーエンブレム、レーヌミノル、ミスパンテール

サンデー系には珍しい持続力型の種牡馬

ダイワメジャーはサンデー系としては珍しく、瞬発力を武器としない持続力型の種牡馬です。カレンブラックヒル、コパノリチャード、メジャーエンブレム、レーヌミノル、ナックビーナス、ボンセルヴィーソ、ソルヴェイグなど、活躍馬の多くが先行して持続力で粘るタイプですので、わかりやすいと思います。そもそもダイワメジャー自身がハイペースで追走して最後まで脚が鈍らなかった馬でしたから、お父さんのイメージそのままでもあります。サンデー系の種牡馬の中ではもっとも持続力があると言っていいでしょう。

サンデー系の多くは2ハロン程度の瞬発力勝負がもっとも得意ですが、ダイワメジャーは4～5ハロンの持続力勝負が得意です。そのため、瞬発力だけを問われるレースだとどうしても他のサンデー系に負けてしまいます。

私が知るかぎり、ダイワメジャーは「キレ負け」という言葉がもっとも似合う種牡馬です。アドマイヤマーズの共同通信杯が良い例です。アドマイヤマーズはダイワメジャー産駒の中ではもっとも瞬発力がある部類ですが、それでも瞬発力勝負ではディープインパクト×Storm Catのダノンキングリーに敵わないのです。アドマイヤマーズが差されたのは決してバテているわけではなく、単純にあれ以上の速度を出せなかっただけです。ダノンキングリーの上がりタイムは32秒9、アドマイヤマーズは33秒5。あれが血統の限界でした。

共同通信杯の1000m通過は61秒5で、ラスト3ハロンのラップが11秒2-11秒0-11秒1でした。ダイワメジャー産駒は最後のラップが速くなりすぎると差されてしまうので、楽に先行するよりも、厳しく先行したほうがパフォーマンスが上がります。

例えば、2019年の京都牝馬Sではアマルフィコーストが13番人気3着に好走しましたが、1000m通過58秒1のペースを差のない2番手で追走し、先行した馬がことごとく潰れるなか、アマルフィコーストだけが残っています。これがダイワメジャー産駒の穴パターンで、こういうレースになるとキレ味自慢の人気馬が簡単に飛びます。実際に京都牝馬Sでは、ディープインパクト産駒のアルーシャがデビュー以来初めて馬券圏内を外していました（2番人気4着）。

このように、ダイワメジャー産駒の適性はアメリカ血統の馬に近く、乳酸が溜まっても脚を動かし続けることができる点が長所になります。

短縮ローテで厳しい流れになるほうがいい

続いてローテーション成績ですが、ダイワメジャー産駒は明らかに短縮ローテを得意としています。追走できる脚がありますし、タフな流れになっても粘れる力もあるので、短縮ローテで厳しい流れになったほうがいいのです。逆に、延長ローテでペースが緩くなると弱さを露呈してしまいます。実際に前走距離別の回収率を見ても、10ポイントくらい延長より短縮の方が高くなっています。

また、前走ハイペースを先行して負けた後の同距離も得意です。先ほどのアマルフィコーストもそのパターンでした。石清水Sは稍重で1000m通過58秒1と、絶対に無理なペースでしたが、京都牝馬Sはギリギリ耐えれるくらいのペースだったわけです。

最後に、サンデー系の関係をおおまかにまとめると、以下のようになります。

▶▶瞬発力勝負ならディープインパクト
▶▶タフな馬場ならステイゴールド
▶▶持続力勝負ならダイワメジャー

このイメージを持ちながら競馬を見るだけでも、様々な発見があるはずです。是非試してみてください。

POINT ダイワメジャーのクセ

1. 4〜5ハロンの持続力勝負が得意。
2. 楽に先行するよりも、厳しく先行したほうがパフォーマンスが上がる。
3. 短縮ローテが得意で、延長ローテが苦手。

Sample Race

2017年10月1日　中山10R　勝浦特別　芝1200m良

着	馬名	父	2走前	前走	人気
1	1②クラウンアイリス	ロドリゴデトリアーノ	札幌芝12 4人5着	札幌芝12 3人7着	8
2	6⑪ベルディーヴァ	ダイワメジャー	小倉芝12 7人5着	小倉芝12 3人1着	7
3	2④コロラトゥーレ	タイキシャトル	札幌芝12 1人4着	札幌芝12 1人1着	2

単勝1,500円　複勝430円 440円 210円　枠連7,890円　馬連10,730円
ワイド3,070円 1,230円 1,250円　馬単22,640円　三連複13,820円　三連単125,580円

319万800円の払い戻し!!

ベルディーヴァが、先行・内枠有利の馬場で2番手追走から持続力を生かして好走。キレ味よりも持続力が活きる馬場ではダイワメジャー産駒に要注意。

ルーラーシップ

2007年生
鹿毛　安平産

主な勝ち鞍　[香]クイーンエリザベスC、日経新春杯、金鯱賞、AJCC、鳴尾記念

キングカメハメハ	Kingmambo	Mr. Prospector	Raise a Native
			Gold Digger
		Miesque	Nureyev
			Pasadoble
	マンファス	ラストタイクーン	トライマイベスト
			Mill Princess
		Pilot Bird	Blakeney
			The Dancer
エアグルーヴ	トニービン	カンパラ	Kalamoun
			State Pension
		Severn Bridge	Hornbeam
			Priddy Fair
	ダイナカール	ノーザンテースト	Northern Dancer
			Lady Victoria
		シャダイフェザー	ガーサント
			パロクサイド

代表産駒（総賞金順）

キセキ、ダンビュライト、メールドグラース、リリーノーブル、アディラート、ムイトオブリガード、ディアンドル、サンリヴァル、ウラヌスチャーム、リオンリオン、レジェンドセラー

ローテーションよりも距離が大事

ルーラーシップは短縮ローテが得意、延長ローテが得意という前に、長距離じゃないと走れない産駒が多いのが特徴で、中、長距離戦になれば短縮ローテでも走れる馬も多いです。

ルーラーシップ自身も出遅れ癖があり、ある程度距離が長くないと好走できないタイプだったので、父のイメージのままと言えます。

ハーツクライと同じように、ルーラーシップ産駒もトモが緩い馬が多く、2、3歳時は筋肉がつききっていません。代表産駒であるキセキも完成するまでに時間がかかり、古馬になってトモがしっかりして

からは成績が安定しました。

仕上がり遅く、距離が長くないと走れないとなると、狙える場面は限られます。持続力を活かせるローカルの芝2600mや、初めての2400mでの一変に期待するぐらいでしょう。

短縮ローテについては、2600mから2200mへの短縮なら走る可能性がありますが、1600mから1200mの短縮はほとんど走りません。とにかく距離が長くないと持ち味を発揮できないということです。

また、キングカメハメハの解説で「キングマンボ系は高速馬場適性が高い」と書きましたが、ルーラーシップにはこれが当てはまらない産駒が多いです。母父であるトニービンの影響が強く、むしろヨーロッパの馬場のほうが合っている印象です。ルーラーシップ自身はキングカメハメハ産駒の中でもっともパワーとスタミナのある馬でしたし、実際に唯一勝ったGⅠは香港のクイーンエリザベスCでした。

産駒にもこの特徴は強く影響しており、ルーラーシップ産駒で素軽いタイプはまだ見たことがありません。

新潟芝で速い上がりを出せる理由

キセキの戦績を見ると、信濃川特別で上がり32秒9を出しています。一見、瞬発力もあるのでは?と思ってしまいますが、実は新潟の上がり3ハロンというのは瞬発力ではなく、持続力で出すものなのです。

3ハロンをまるまる直線で追えるコースは日本では新潟外回りしかありません。サンデー系の瞬発力は2ハロン以内のキレ味ですから、3ハロン追い続けるとどこかで失速します。3ハロンをぶっ続けで追うためには、失速しない持続力が必要なのです。

ちなみに、翌年の信濃川特別を勝ったグロンディオーズもルーラーシップ産駒でした。上がりはメンバー最速の33秒1。他の競馬場では33秒台すら出したことがない馬が新潟芝外回りではこれだけ速い上がりを出せる。これはただの偶然ではありません。

キセキの戦績

日付	レース名	コース	位置取り	上がり	ペース	人気	着順
2016/12/11	2歳新馬	阪神芝1800良	3-3	34.5	37.9-34.7	2	1
2017/01/29	セントポーリア賞(500)	東京芝1800良	6-4-5	33.4	35.9-33.7	1	5
2017/02/26	すみれS(OP)	阪神芝2200良	5-5-5-5	36.3	35.7-36.0	1	3
2017/03/25	毎日杯(G3)	阪神芝1800良	7-7	33.4	35.2-34.4	7	3
2017/07/15	3歳以上500万下	中京芝2000良	11-11-10-11	33.2	36.1-34.8	1	1
2017/08/05	信濃川特別(1000)	新潟芝2000良	12-12	32.9	34.9-34.4	1	1
2017/09/24	神戸新聞杯(G2)	阪神芝2400良	9-10-9-10	33.9	36.9-34.5	2	2
2017/10/22	菊花賞(G1)	京都芝3000不	14-14-12-7	39.6	37.8-40.0	1	1
2017/12/10	香港ヴァーズ(G1)	シャティ芝2400良				2	9
2018/03/24	日経賞(G2)	中山芝2500良	3-1-1-1	36.7	31.0-36.0	1	9
2018/06/24	宝塚記念(G1)	阪神芝2200稍	14-15-15-15	35.9	34.4-36.3	2	8
2018/10/07	毎日王冠(G2)	東京芝1800良	2-2-2	33.9	35.3-33.8	6	3
2018/10/28	天皇賞(秋)(G1)	東京芝2000良	1-1-1	34.7	36.2-34.5	6	3
2018/11/25	ジャパンC(G1)	東京芝2400良	1-1-1-1	34.7	35.9-34.4	4	2
2018/12/23	有馬記念(G1)	中山芝2500稍	1-1-1-1	37.5	30.2-36.9	2	5
2019/03/31	大阪杯(G1)	阪神芝2000良	2-2-2-2	35.4	36.4-35.5	2	2
2019/06/23	宝塚記念(G1)	阪神芝2200良	1-1-1-1	35.8	35.5-35.3	1	2

とにかくスタミナを活かせるレースを狙え！

キセキ以外の産駒にも目を向けてみましょう。

ルーラーシップの産駒で最上級のスピードを持っていた馬が、オークス2着のリリーノーブルです。牝系がスピード血統で、母父がサンデーサイレンスではありますが、それでもルーラーシップをつけると、長距離やハイペースの持続力勝負に強い馬になるわけです。

ダンビュライトも母父がサンデーサイレンスですが、こちらは牝系がスタミナ血統です。こうなると、わかりやすくスタミナが強調されます。2019年のAJCCはキレ負けしましたが（3番人気6着）、次走の京都記念ではスタミナ勝負を制しました（6番人気1着）。

テトラドラクマもクイーンCはロングスパートの持続力勝負に持ち込んで勝っています。

ルーラーシップ産駒は決して能力が低いわけではありません。スタミナの塊なので、スピード勝負やキレ味勝負に向かないだけです。その点を踏まえれば、買うべきタイミングは見えてきます。

POINT ルーラーシップのクセ

1 仕上がり遅く、距離が長くないと持ち味を発揮できない。

2 持続力を活かせるローカルの芝2600mや、初めての2400mでの一変に期待。

3 新潟芝外回りで注目。

Sample Race

2018年11月18日　福島9R　3歳以上500万下　芝2600m良

着	馬名	父	2走前	前走	人気
1	6⑫ヒラボクビューン	ジャングルポケット	新潟芝22 5人5着	福島芝26 5人4着	2
2	3⑥バリオラージュ	ディープインパクト	中京芝22 1人7着	阪神芝22 1人9着	5
3	5⑨スズカワークシップ	ルーラーシップ	新潟芝24 2人1着	新潟芝22 12人13着	8

単勝540円　複勝190円 300円 450円　枠連1,260円　馬連2,480円
ワイド920円 1,570円 1,870円　馬単4,570円　三連複15,460円　三連単68,140円

スズカワークシップが2600mへの延長ローテでスタミナを活かして好走。2走前は初めての2400mで勝っており、ルーラーシップ産駒の典型といえる戦績。

102万2100円の払い戻し!!

ロードカナロア

2008年生
鹿毛　新ひだか産

主な勝ち鞍　スプリンターズS、[香]香港スプリント、高松宮記念、安田記念

<table>
<tr><td rowspan="8">キングカメハメハ</td><td rowspan="4">Kingmambo</td><td rowspan="2">Mr. Prospector</td><td>Raise a Native</td></tr>
<tr><td>Gold Digger</td></tr>
<tr><td rowspan="2">Miesque</td><td>Nureyev</td></tr>
<tr><td>Pasadoble</td></tr>
<tr><td rowspan="4">マンファス</td><td rowspan="2">ラストタイクーン</td><td>トライマイベスト</td></tr>
<tr><td>Mill Princess</td></tr>
<tr><td rowspan="2">Pilot Bird</td><td>Blakeney</td></tr>
<tr><td>The Dancer</td></tr>
<tr><td rowspan="8">レディブラッサム</td><td rowspan="4">Storm Cat</td><td rowspan="2">Storm Bird</td><td>Northern Dancer</td></tr>
<tr><td>South Ocean</td></tr>
<tr><td rowspan="2">Terlingua</td><td>Secretariat</td></tr>
<tr><td>Crimson Saint</td></tr>
<tr><td rowspan="4">サラトガデュー</td><td rowspan="2">Cormorant</td><td>His Majesty</td></tr>
<tr><td>Song Sparrow</td></tr>
<tr><td rowspan="2">Super Luna</td><td>In Reality</td></tr>
<tr><td>Alada</td></tr>
</table>

代表産駒（総賞金順）

アーモンドアイ、ステルヴィオ、サートゥルナーリア、ダノンスマッシュ、ファンタジスト、ダイアトニック、アンヴァル、ケイデンスコール、トロワゼトワル、ミッキーワイルド、グルーヴィット

馬券に利用しやすい種牡馬

ロードカナロア産駒には総じて頭がいい馬が多く、暴走した馬を見たことがありません。折り合いがつく、いわゆる優等生タイプです。前走の経験を覚えていて、次走以降に生かすことができる反面、未経験の壁にぶつかることが多いという特徴があります。ある意味、馬券に利用しやすい種牡馬と言えるでしょう。

父のキングカメハメハ産駒には扱いやすい馬が多いと評判で、その点、父のいいところを引き継ぎつつ、スピードを補完したというイメージ。母父Storm Catで高速適性が高いことは間違いありません。

ロードカナロアは、ディープやキンカメと同様に母父の特徴を引き出すので、産駒は母父を見るとタイプがわかります。血統構成上、母父サンデーや母父ディープが多いのですが、この配合パターンの馬は頭がいいので、延長をこなしてしまいます。つまり、競走馬が基本的に苦手としている延長で凡走するパターンを期待しにくいということです。

対して、母系がスピードタイプの馬は、前走で速い競馬を経験すると、頭がいい分、次走も速いものだと思って出て行ってしまう。そうなると延長を苦にするパターンも増えてきます。

学習能力が高いが、初めての経験には弱い

ダノンスマッシュは前向きなタイプなので短縮向きのはずですが、それでも初めての短縮になったファルコンSは1番人気7着と大敗しています。その後、アーリントンC、NHKマイルCで流れの速い競馬を経験して、2回目の短縮となった函館日刊スポーツ杯（1200m）では強い競馬を見せました。

一方で、ファンタジストは京王杯2歳Sで前半38秒4まで抑えるスローな競馬を経験した後、延長でハイペースになった朝日杯FSは4着と意外にこなしてしまいます。

私は競走馬に対して、頭がいいなどと思ったことがなかったのですが、ロードカナロア産駒を見て、その認識を改めました。そもそもロードカナロア自体を見ても、スプリント戦線で香港勢に圧勝できるような馬が短縮で高松宮記念を勝った後、延長の安田記念を勝つくらいですから、おそらく相当頭が良かったのでしょう。その時点でスーパーな馬だとわかります。

馬券では、この前走の記憶に縛られる特徴を逆手に取ります。普通の種牡馬であれば延長を失敗する馬は、次も失敗する可能性が高いのですが、ロードカナロア産駒は一度経験すると走り方を学習する可能性があるということです。

一方で、その反動としていきなりの短縮で流れが速い競馬は苦手な

傾向があります。普通の種牡馬には好影響を及ぼす短縮ですが、ロードカナロア産駒は頭がいいせいで対応しきれないわけです。

ステルヴィオは毎日王冠で速い流れを追走したからこそ、マイルCSに対応できました。もし毎日王冠を38秒ほどのゆったりしたペースで追走していたら短縮に対応できなかったでしょう。

大幅な条件替わりよりも、少しの条件替わり

ロードカナロア産駒には、パフォーマンスが上下する幅が少なく、得意不得意がない分､人気サイドで走りやすいという特徴もあります。基本はスピードがあるので、その中でも穴を出すなら短縮です。とは言え、劇的な変化には弱く、大幅な条件替わりよりも少し楽になる程度の条件替わりがちょうどいい。

アーモンドアイやサートゥルナーリアなどのＧⅠ馬は母がサンデー系であるように、活躍馬は瞬発力をもっている馬が多いです。それでも前述のダノンスマッシュのように初めての短縮は失敗しているので、この辺りが馬券のミソになるでしょう。

POINT　ロードカナロアのクセ

1. 得意不得意がない分､人気サイドで走りやすい。ただし､初めての経験や劇的な変化には弱い。
2. 高速馬場適性が高い。
3. 母系がスピードタイプの産駒は延長を苦にするパターンが多いが､母父サンデー､母父ディープの産駒は延長で凡走するパターンを期待しにくい。

Sample Race

2019年7月21日　中京11R　中京記念　芝1600m稍重

着	馬名	父	2走前	前走	人気
1	3⑤グルーヴィット	ロードカナロア	中京芝14 3人2着	東京芝16 4人10着	3
2	3⑥クリノガウディー	スクリーンヒーロー	中山芝20 16人16着	東京芝16 13人14着	6
3	4⑦プリモシーン	ディープインパクト	中山芝16 3人2着	東京芝16 4人2着	1

単勝490円　複勝180円 330円 140円　枠連2,990円　馬連2,580円
ワイド850円 390円 870円　馬単4,590円　三連複3,100円　三連単15,690円

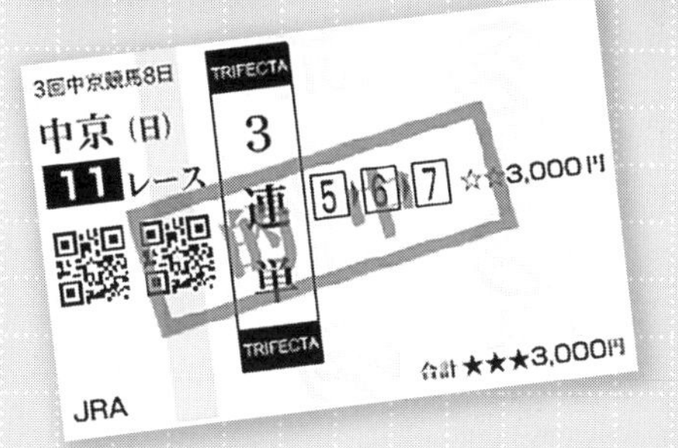

グルーヴィットは前走のNHKマイルCで、ローテの不利、枠順の不利があって凡走。今回は同距離ローテで巻き返した。

47万700円の払い戻し!!

2018年11月18日　京都11R　マイルCS　芝1600m良

着	馬名	父	2走前	前走	人気
1	1①ステルヴィオ	ロードカナロア	東京芝24 6人8着	東京芝18 3人2着	5
2	1②ペルシアンナイト	ハービンジャー	東京芝16 2人6着	東京芝16 4人5着	3
3	2③アルアイン	ディープインパクト	中山芝22 3人2着	東京芝20 5人4着	4

単勝870円　複勝310円 230円 240円　枠連3,200円　馬連3,220円
ワイド1,140円 1,130円 670円　馬単6,350円　三連複5,480円　三連単29,790円

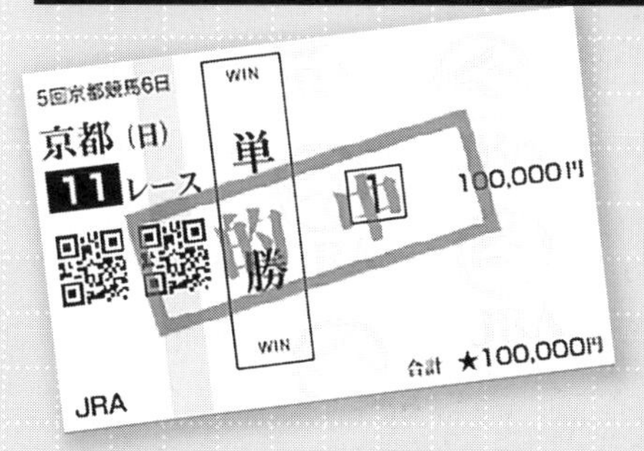

ステルヴィオが短縮ローテでベスト距離の1600mへ出走し勝利。毎日王冠で速い流れに対応していたことも、頭のいいロードカナロア産駒にとってはプラスだった。

87万円の払い戻し!!

ハービンジャー

2006年生
鹿毛　英国産

主な勝ち鞍　[英]キングジョージⅥ世&クイーンエリザベスS、[英]ハードウィックS

Dansili	デインヒル	Danzig	Northern Dancer
			Pas de Nom
		Razyana	His Majesty
			Spring Adieu
	Hasili	Kahyasi	イルドブルボン
			Kadissya
		Kerali	High Line
			Sookera
Penang Pearl	Bering	Arctic Tern	Sea-Bird
			Bubbling Beauty
		Beaune	Lyphard
			Barbra
	Guapa	Shareef Dancer	Northern Dancer
			Sweet Alliance
		Sauceboat	Connaught
			Cranberry Sauce

代表産駒（総賞金順）

ブラストワンピース、ペルシアンナイト、ディアドラ、モズカッチャン、ノームコア、ベルーフ、ナイトオブナイツ、トーセンバジル、ドレッドノータス、マイネルサージュ、ヒーズインラブ

完成が遅いため、延長向きになる

ハービンジャー産駒は、基本は延長を得意としていますが、データには限界があって数字には明確に現れません。

ブラストワンピースは短縮を得意にしていますが、ハービンジャー産駒の中では例外です。そもそも早い時期からあれだけ走れるハービンジャー産駒自体が珍しいですから。と言うのも、体が完成するのが遅いためハービンジャー産駒は延長向きになるという側面が強いのです。

気性的に延長が得意なのではなく、肉体的な問題が原因であるとい

ハービンジャー産駒 年齢別短縮ローテの成績

年齢	着別度数	勝率	連対率	複勝率	単回収値	複回収値
2歳	14-7-10-88/119	12%	18%	26%	46	49
3歳	58-42-41-559/700	8%	14%	20%	54	66
4歳	21-18-20-168/227	9%	17%	26%	59	65
5歳	12-7-8-94/121	10%	16%	22%	82	77
6歳	3-1-3-33/40	8%	10%	18%	70	53
7歳	0-0-0-7/7	0%	0%	0%	0	0

データ集計期間：2014年6月7日～2019年8月18日

うこと、これが何を意味するか。実は、ハービンジャー産駒は2~3歳では短縮を不得手にしているのに対し、4~5歳では短縮が決まり出します。腰がパンとして、ある程度追走能力を身に付けると、短縮をこなせる馬が出てくるということです。

ハービンジャー産駒には、がっちりしてムキムキ、見た目もかっこいいけれど、トモがまだ緩いという馬が多くいます。そのため、スタートが遅かったり、大トビで大味なタイプだったりして、追走力に欠けます。筋力がついてくるにつれてスタートもある程度出るようになりますし、それなりの位置取りからしっかりとした末脚を使えるようになって強くなるというパターンです。

その成長力はすさまじく、ディアドラがあれほど強くなるとは誰も思わなかったはずです。同様に、モズカッチャンが古馬と対等に戦えるくらい強くなるとも思いませんでした。

欧州血統で成長力はありますし、最初はまともに追走できずに走っているわけですから、伸びしろが大きいのは当然です。追走できて、元と同じ脚を使えたらそりゃ勝つだろうということですね。

ベルーフ、ペルシアンナイトが典型例

ハービンジャー産駒のオープン馬を見ていくと、前述したブラスト

ワンピースは、例外的に短縮が得意なので覚えやすいと思います。ただ、菊花賞は延長が苦手だからというよりも瞬発力負けの要素が強いですし、馬体が完成しているから、全てのことに対応できるという可能性もあります。

サンマルティンは、馬体が完成した途端にかかるようになりました(笑)。基本性能は高い馬で、スピードもありますし、タフな馬場もこなします。

ベルーフは完全に延長型のハービンジャー産駒で、追走させると脆さを見せていました。短縮だったカシオペアSで1番人気を裏切り、次走同距離のチャレンジCで5番人気2着。まさに典型的なハービンジャー産駒と言えます。

ペルシアンナイトもこのタイプです。母父サンデーでもカバーしきれないハービンジャーらしさが垣間見えます。スピードはあるけれど、若干タフな馬場のほうがいいタイプで、ディープ産駒が33秒台前半で上がるような馬場だと、少しスピード不足が露呈してしまいます。

クラスによっても傾向は変わる？

条件戦は延長が決まりやすく、上級条件になると短縮が走るようになるという傾向もあります。馬体の完成と関係しているわけですから当然です。例えば、ニシノデイジーは古馬になったら短縮がいいかもしれません。

とにかく、これほど傾向がはっきりしているのにデータで見ると数字に現れにくいという意味で、狙って妙味のある血統だと言えます。

POINT ハービンジャーのクセ

1. 延長ローテが得意。
2. 2~3歳では短縮が苦手だが、4~5歳になるとこなせる馬も出てくる。
3. 条件戦は延長が決まりやすく、上級条件になると短縮が走るようになる。

Sample Race

2017年4月9日　福島10R　燧ヶ岳特別　芝2600m良

着	馬名	父	2走前	前走	人気
1	3⑥マコトガラハッド	スズカマンボ	小倉芝26 12人4着	阪神芝24 8人7着	6
2	2③エアワイバーン	ハービンジャー	阪神芝26 5人5着	京都芝22 1人12着	2
3	4⑧ナンヨーテンプル	ゼンノロブロイ	福島芝26 8人10着	福島芝26 12人16着	15

単勝1,280円　複勝430円 230円 1,470円　枠連1,260円　馬連4,180円
ワイド1,620円 11,870円 4,730円　馬単9,600円　三連複80,610円　三連単428,490円

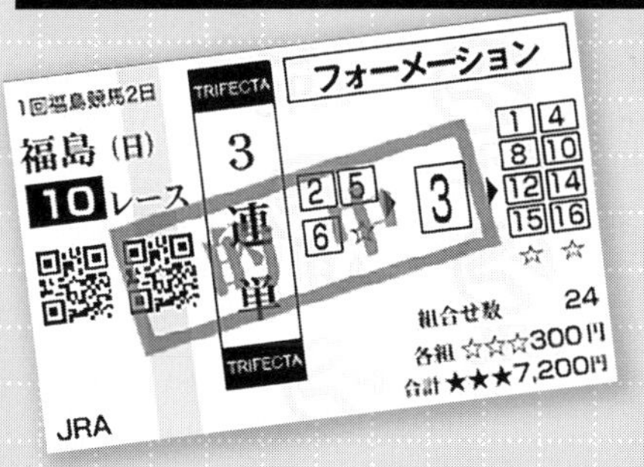

エアワイバーンが延長ローテで好走。同馬はそれまでに二度あった延長ローテを二度とも好走しており、父のクセを強く出していた。前走は苦手な短縮ローテで人気を裏切ったが、ここは巻き返し必至だった。

128万5470円の払い戻し!!

ゴールドアリュール

1999年生
栗毛　追分産

主な勝ち鞍　[大]JDD、[盛]ダービーグランプリ、[大]東京大賞典、フェブラリーS

サンデーサイレンス	Halo	Hail to Reason	Turn-to
			Nothirdchance
		Cosmah	Cosmic Bomb
			Almahmoud
	Wishing Well	Understanding	Promised Land
			Pretty Ways
		Mountain Flower	Montparnasse
			Edelweiss
ニキーヤ	Nureyev	Northern Dancer	Nearctic
			Natalma
		Special	Forli
			Thong
	Reluctant Guest	Hostage	Nijinsky
			Entente
		Vaguely Royal	Vaguely Noble
			Shoshanna

代表産駒（総賞金順）

エスポワールシチー、コパノリッキー、スマートファルコン、ゴールドドリーム、クリソライト、グレイスフルリープ、シルクフォーチュン、サンライズノヴァ、オーロマイスター、メイショウスミトモ

サンデー系が来る馬場かどうかをチェック！

スタンダードなサンデー系のダート馬で、ほとんどクセがない種牡馬です。一般的な種牡馬同様に、延長よりも短縮のほうを得意にしています。馬場としてはサンデー系の走るダートなら強いですし、ローテとしても延長でなければ問題はありません。サンデー系なので、ローカルよりも東京や京都に好走実績があるように、当然軽い馬場の方が得意です。

そもそも、ダートの馬場の判断基準は、サンデー系が来るか来ないかだけで十分だと考えています。サンデー系が来る馬場ならゴールドアリュール産駒の信頼度が非常に高くなります。逆に嫌うとすれば、これも定番ですが、前走短縮で好走したパターンになります。

例えば、サンライズノヴァは短縮でユニコーンSを勝って、次走延長のジャパンダートダービーで1番人気を裏切っています。強い馬なので延長自体はこなしますが、凡走も珍しくありません。

産駒にはスマートファルコン、コパノリッキー、エスポワールシチー、ゴールドドリームなどダートGⅠ勝ち馬が多いのですが、このクラスになるとローテはあまり関係ありません。まさにダート界のディープインパクトという印象です。

スタンダードなので、狙い方は基本通りでOK。人気になりやすい血統でもあるので、「延長で嫌う」「サンデー系が走らない馬場で嫌う」、これだけ覚えておいて、逆張りするのがいいかもしれません。

POINT　ゴールドアリュールのクセ

1. **サンデー系が走れるダートなら強い。**
2. **東京や京都など、軽い馬場の方が得意。**

マンハッタンカフェ

1998年生
青鹿毛　千歳産

主な勝ち鞍　**菊花賞、有馬記念、天皇賞春**

サンデーサイレンス	Halo	Hail to Reason	Turn-to
			Nothirdchance
		Cosmah	Cosmic Bomb
			Almahmoud
	Wishing Well	Understanding	Promised Land
			Pretty Ways
		Mountain Flower	Montparnasse
			Edelweiss
サトルチェンジ	Law Society	Alleged	Hoist the Flag
			Princess Pout
		Bold Bikini	Boldnesian
			Ran-Tan
	Santa Luciana	Luciano	Henry the Seventh
			Light Arctic
		Suleika	Ticino
			Schwarzblaurot

代表産駒（総賞金順）

クイーンズリング、エーシンモアオバー、ヒルノダムール、グレープブランデー、ルージュバック、ガルボ、レッドディザイア、ショウナンマイティ、ジョーカプチーノ、フミノイマージン、シャケトラ

好走できる条件に注文がつく種牡馬

サンデー産駒を大きくして不器用にしたイメージで、雄大な馬体とトビの大きな走りが特徴です。タイプを判別するのに牝系を見るというのはディープ産駒と一緒です。ディープの俊敏さをやや削って、緩くしたような感じなので、馬体がコンパクトな瞬発力系に出た場合は、いい馬になる可能性が高いと言えます。牝系がアメリカ血統であれば速い脚は使えますが、ディープよりも不器用で、馬群に揉まれると弱い馬が多々見受けられます。そう意味では、好走できる条件に注文が付く種牡馬と言えるでしょう。

代表産駒を見ると、シャケトラは大きくて緩慢でしたし、メイショウテッコンは不器用。クイーンズリングに至っては、父がディープだったらもう少し強かったのだろうなという印象が強いです。父としてはディープより秀でている部分は馬格の大きさのみ。

とは言え、大幅に能力を下げるということではありません。ディープを狙いたい馬場で同程度の馬だった場合、マンカフェ産駒が短縮で、ディープ産駒が同距離であれば前者を買います。

ローテのクセは、母系に影響される

延長と短縮どちらを得意とするかは母系のスピードに左右されます。母系がアメリカ血統でスピードタイプの場合は短縮が向きます。逆に母系がヨーロッパ血統の場合は延長もこなします。母のスピードに左右されて自身の適性が決まっていくのはサンデー系の共通した特徴です。

京都牝馬Sを勝ったデアレガーロの戦績（P30参照）を見ると、短縮か、延長が失敗した後の同距離でしか走っていないことがわかります。母がスピード血統で、きょうだいも1200mを主戦場にしていますから、そういう母系の特徴を殺しはしないし、スケールダウンもさせない。そして、馬体がコンパクトに出ているので、緩さがなく、瞬発力があります。

デアレガーロのきょうだいであるディープ産駒のベステゲシェンク、シュプリームギフト、ゼンノロブロイ産駒のロワアブソリューの成績を見比べると、ほぼ同じような傾向が見て取れます。この3種牡馬は全て母系の特徴を出すタイプの種牡馬です。母であるスーヴェニアギフトの仔の中で、自身の特徴を出す種牡馬はハーツクライだけで、その産駒ドリームユニバンスは芝を走ることすらできませんでした。母と相対する主張の強い種牡馬をつけたら走らなかったということです。阪神JFに出走した現3歳のトロシュナはスクリーンヒーロー産駒なので短縮向きになるでしょう。主張が強くない種牡馬をつけると、母系の特徴を引き出すので、結果的にきょうだいの成績が似るということは血統の豆知識のひとつです。

大トビの馬が多いため、枠順には注意！

マンカフェ産駒は、母系がダート血統であれば、その分ディープ産駒よりダート適性が高くなります。マンカフェ産駒はディープ産駒より大きく出るので、パワーでは上位だということです。クイーンマンボ、グレープブランデーなど、ダートGＩ馬を輩出しているように、母系がアメリカ血統なら、ダートではディープ産駒よりも走ります。

ただし、ダートで内枠を引いたら大きく割引です。マンカフェ産駒は体とストライドが大きい馬が多いので、結果として外枠からのびのび走れたときのほうが好走率は高くなります。これは種牡馬の特徴というよりは、大トビの馬は総じて内枠が苦手なので、単純に揉まれないほうがよいということです。

POINT マンハッタンカフェのクセ

1. 馬体が大きく、不器用で、馬群に揉まれると弱い馬が多々見受けられる。
2. 母系の血統に大きく影響され、母系がアメリカ血統でスピードタイプの場合は短縮向き、ヨーロッパ血統の場合は延長もこなす。
3. 母系がダート血統であればダートで走るが、内枠を引いたら大きく割引。

Sample Race

2017年8月6日　小倉7R　3歳未勝利　芝2000m良

着	馬名	父	2走前	前走	人気
1	7⑮パリンジェネシス	タートルボウル	阪神ダ18 4人6着	中京ダ18 6人14着	8
2	4⑦ライトオブピース	ゼンノロブロイ	新潟芝20 3人4着	中京芝22 3人4着	2
3	6⑫ピオニームーン	マンハッタンカフェ	京都芝20 5人5着	阪神ダ18 2人12着	7

単勝3,200円　複勝760円 180円 530円　枠連800円　馬連5,700円
ワイド1,710円 8,340円 1,320円　馬単13,600円　三連複36,710円　三連単219,200円

プロローグでも紹介した母父デインヒル系のピオニームーンが、ダートから芝替わりで好走。「マンカフェ産駒はパワーがありダートをこなす」というイメージが強いようで、母系が芝血統でもダートを使われやすい。

328万8000円の払い戻し!!

キンシャサノキセキ

2003年生
鹿毛 豪州産

主な勝ち鞍 高松宮記念、スワンS、阪神C、函館スプリントS、オーシャンS

<table>
<tr><td rowspan="8">フジキセキ</td><td rowspan="4">サンデーサイレンス</td><td rowspan="2">Halo</td><td>Hail to Reason</td></tr>
<tr><td>Cosmah</td></tr>
<tr><td rowspan="2">Wishing Well</td><td>Understanding</td></tr>
<tr><td>Mountain Flower</td></tr>
<tr><td rowspan="4">ミルレーサー</td><td rowspan="2">Le Fabuleux</td><td>Wild Risk</td></tr>
<tr><td>Anguar</td></tr>
<tr><td rowspan="2">Marston’s Mill</td><td>In Reality</td></tr>
<tr><td>Millicent</td></tr>
<tr><td rowspan="8">ケルトシャーン</td><td rowspan="4">Pleasant Colony</td><td rowspan="2">His Majesty</td><td>Ribot</td></tr>
<tr><td>Flower Bowl</td></tr>
<tr><td rowspan="2">Sun Colony</td><td>Sunrise Flight</td></tr>
<tr><td>Colonia</td></tr>
<tr><td rowspan="4">Featherhill</td><td rowspan="2">Lyphard</td><td>Northern Dancer</td></tr>
<tr><td>Goofed</td></tr>
<tr><td rowspan="2">Lady Berry</td><td>Violon d'Ingres</td></tr>
<tr><td>Moss Rose</td></tr>
</table>

代表産駒（総賞金順）

シュウジ、サクセスエナジー、ブルミラコロ、スマートカルロス、ヒラボクラターシュ、ストロベリームーン、メイショウワダイコ、タガノヴィッター、モンドキャンノ、モアナ、ウインユニファイド

延長で穴をあけると覚えておくのが得策

キンシャサノキセキ産駒は基本的には延長向きです。もちろんスピードも豊富な血統なので距離短縮で好走する馬もいるのですが、馬券で穴を狙うという意味では延長が得意と覚えておくのが得策です。シュウジはあれだけ引っかかる馬なのに、距離延長でしか走らないというのは面白いですよね。牝系にSilver Hawkが入っているのも理由の1つですが……。

ダートの成績を見ると、内枠よりも砂をかぶらない外枠のほうが良くなっています。なぜなら、ダート適性があってダートを走っている

わけではないからです。オセアニア血統でパワフルだからダートをこなすだけで、砂をかぶること自体は苦手なほうです。

確認になりますが、ダートを走る馬には2つのパターンがあります。一つは、本当にダート適性があって砂をかぶっても大丈夫な馬。もう一つは、芝馬なのにパワーがあってダートも走るけれど、砂をかぶるのはダメな馬。キンシャサ産駒は後者です。

芝ではいまいちスピード不足で、超高速馬場では狙いづらいタイプです。開催が進んだ函館のようなタフな芝を得意としています。オセアニア血統はタフな芝1200mがベスト条件で、すなわちパワーがあるということなのでダートも走れる。そういう仕組みです。

走れる馬場が限られるパワータイプ

狙い目としては、ダートでは「砂をかぶらない外枠の馬」で、軽い馬場であればなおよし。芝では「短縮失敗後の同距離や延長ローテ」でタフな馬場が向きます。あとはダートから芝替わりというのも期待値が高くなります。

一般のイメージどおりのスピードタイプではなく、実はパワータイプなので走れる馬場が限られます。そういう点で、自分としては相性がよくて、狙いやすい種牡馬です（※的中例はP146、P149を参照）。

POINT　キンシャサノキセキのクセ

1. 芝では「短縮失敗後の同距離や延長ローテ」でタフな馬場が向く。
2. ダートでは「砂をかぶらない外枠の馬」で、軽い馬場であればなおよし。
3. ダートから芝替わりの期待値も高い。

サウスヴィグラス

1996年生
栗毛　米国産

主な勝ち鞍　[大]JBCスプリント、根岸S、[高]黒船賞、[名]かきつばた記念

エンドスウィープ	フォーティナイナー	Mr. Prospector	Raise a Native
			Gold Digger
		File	Tom Rolfe
			Continue
	Broom Dance	Dance Spell	Northern Dancer
			Obeah
		Witching Hour	Thinking Cap
			Enchanted Eve
ダーケストスター	Star de Naskra	Naskra	Nasram
			Iskra
		Candle Star	Clandestine
			Star Minstrel
	Minnie Riperton	Cornish Prince	Bold Ruler
			Teleran
		English Harbor	War Admiral
			Level Sands

代表産駒（総賞金順）

ナムラタイタン、ラブミーチャン、コーリンベリー、トーホウドルチェ、ヒガシウィルウィン、スマートアヴァロン、サウススターマン、キタサンサジン、エイシンヴァラー、タイニーダンサー

スタンダードなダート馬で圧倒的に短縮がいい

フォーティナイナー系のスタンダードなダート馬なので、短縮で狙うのが基本です。真のダート馬なので、砂をかぶったり揉まれたりしても平気ですが、出脚が速いので外枠だとポンと出て先行できる可能性が高くなります。きれいに先行できたときが一番強いということは、馬券を買っている人間なら周知のことでしょう。したがって、短縮は圧倒的にいいですが、期待値自体はそれほど高くありません。

一番の狙いどころは、前走先行できず凡走し、今走で先行できそうなパターンです。例えば、大外枠を引いて、最後の枠入れから好発を

決めるなどすると一変が期待できます。また、典型的なダート短距離種牡馬の特徴として、差すよりも先行したときの成績が明らかにいい。気分よく先行できると強い競馬をする一方で、そうでなければ惨敗することもあります。楽な競馬で圧勝した後は注意したいところです。

先行馬が絶対に来られない馬場なら消すのもいいかもしれません。例えば、東京ダートに雨が降って、ラスト3F35秒台を出さないと来られないキレ味重視の馬場では危険です。

サウスヴィグラス産駒は、とにかく、短縮、揉まれない、先行できそうなタイミングを狙えば、馬券的には間違いありません。

POINT サウスヴィグラスのクセ

1 短縮、揉まれない、先行できるタイミングで走る。

Sample Race

2017年2月5日　東京8R　4歳以上500万下　ダ1400m良

着	馬名	父	2走前	前走	人気
1	8⑮メリートーン	クロフネ	東京ダ13 2人4着	中山ダ12 3人6着	2
2	5⑩ハシカミ	キャプテンスティーヴ	東京ダ14 11人3着	中山ダ12 12人8着	8
3	8⑯シベリウス	サウスヴィグラス	東京ダ16 7人14着	中京ダ18 13人8着	12

単勝390円　複勝200円 520円 1,040円　枠連3,510円　馬連4,170円
ワイド1,620円 2,660円 12,840円　馬単6,680円　三連複51,740円　三連単195,010円

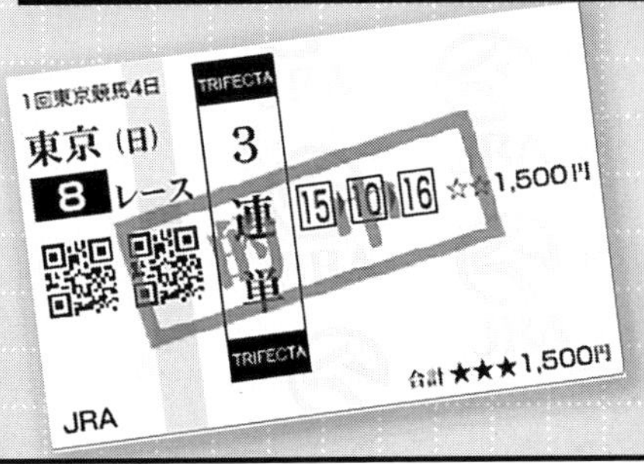

サウスヴィグラス産駒のシベリウスがダート1800mから1400mへの短縮ローテで激走。大外枠を引き、道中で揉まれなかったのも大きかった。

292万5150円の払い戻し!!

ヴィクトワールピサ

2007年生
黒鹿毛 千歳産

主な勝ち鞍 皐月賞、有馬記念、[首]ドバイワールドC、弥生賞、中山記念

ネオユニヴァース	サンデーサイレンス	Halo	Hail to Reason
			Cosmah
		Wishing Well	Understanding
			Mountain Flower
	ポインテッドパス	Kris	Sharpen Up
			Doubly Sure
		Silken Way	Shantung
			Boulevard
ホワイトウォーターアフェア	Machiavellian	Mr. Prospector	Raise a Native
			Gold Digger
		Coup de Folie	Halo
			Raise the Standard
	Much Too Risky	Bustino	Busted
			Ship Yard
		Short Rations	Lorenzaccio
			Short Commons

代表産駒(総賞金順)

ジュエラー、テラノヴァ、パールコード、ミッシングリンク、アウトライアーズ、ジョルジュサンク、ウィクトーリア、ブレイキングドーン、スカーレットカラー、アンネリース、メイショウマトイ

短縮で狙って延長で嫌うのが基本

ヴィクトワールピサの父であるネオユニヴァースは延長向きの種牡馬なのですが、ヴィクトワールピサ産駒は短縮を得意にしています。

元々、ヴィクトワールピサ自身、現役時代は短縮を得意としていて、これには短縮に強い母父Machiavellianが影響しています。私自身もヴィクトワールピサ産駒の短縮で馬券を取ることが多く、今、一番相性がいいと言っても過言ではありません(笑)。

基本は「短縮で狙って、延長で嫌う」ことです。桜花賞を勝ったジュエラーもローズS→秋華賞とともに前走からの延長で人気を裏切っています。

スピードの絶対値は高くはなく、パワー寄りで多少重たい馬場でもこなします。中距離の超高速決着、例えば、京都内回り2000mの秋華賞で2着に好走したパールコードようなパターンはあっても、短距離の高速馬場は難しい。つまり、スピードの持続力でレコード決着に対応はできても、キレ味勝負には対応できないというのが特徴の一つです。したがって、キレ味が不要な条件で、短縮ローテの馬を狙うのがベスト。また、スピードの有無は牝系を見ると分かるということは、ほかのサンデー系と共通です。

POINT　ヴィクトワールピサのクセ

1　キレ味が不要な条件での短縮ローテが得意。

Sample Race

2017年11月11日　福島2R　3歳以上500万下　ダ1700m良

着	馬名	父	2走前	前走	人気
1	8⑮プレゼンス	ヴィクトワールピサ	新潟ダ18 10人8着	中山ダ18 6人6着	5
2	5⑨タイユール	ワイルドラッシュ	小倉ダ17 8人4着	阪神ダ18 9人8着	4
3	6⑩ローレルリーベ	カネヒキリ	中山ダ18 6人3着	福島ダ17 4人1着	3

単勝930円　複勝290円 260円 240円　枠連1,910円　馬連2,460円
ワイド900円 1,280円 1,550円　馬単5,210円　三連複9,080円　三連単55,850円

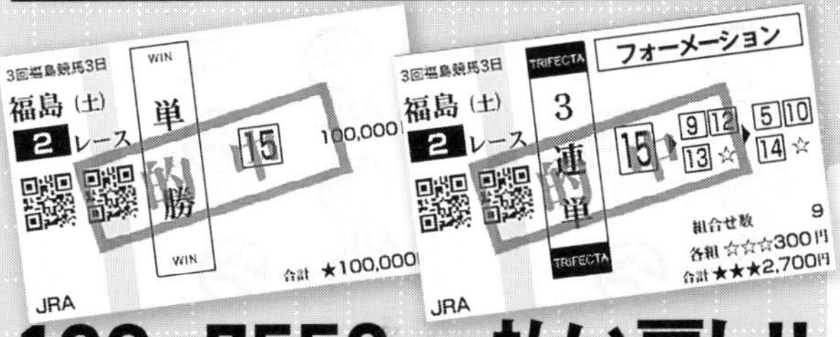

109万7550円の払い戻し!!

プレゼンスがダ1800mからダ1700mへの短縮ローテで激走。ヴィクトワールピサ産駒は短縮で狙って延長で嫌うのが基本。

ネオユニヴァース

2000年生
鹿毛　千歳産

主な勝ち鞍　皐月賞、ダービー、スプリングS、大阪杯、きさらぎ賞

サンデーサイレンス	Halo	Hail to Reason	Turn-to
			Nothirdchance
		Cosmah	Cosmic Bomb
			Almahmoud
	Wishing Well	Understanding	Promised Land
			Pretty Ways
		Mountain Flower	Montparnasse
			Edelweiss
ポインテッドパス	Kris	Sharpen Up	エタン
			Rocchetta
		Doubly Sure	Reliance
			Soft Angels
	Silken Way	Shantung	Sicambre
			Barley Corn
		Boulevard	Pall Mall
			Costa Sola

代表産駒（総賞金順）

ヴィクトワールピサ、サウンズオブアース、ロジユニヴァース、デスペラード、ゴールスキー、ミヤジタイガ、ネオリアリズム、アンライバルド、イタリアンレッド、ピオネロ、グレンツェント

父でも母父でも延長向きの色を出す

非常に主張が強い種牡馬で、父に入っても母父に入っても産駒は延長ローテが得意になります。母のポインテッドパスがヨーロッパ血統なので、タフさを有している分、スピードは失われていて、高速決着には対応できません。遅い脚が長く続くので、それが延長向きという特徴につながっています。馬券的には扱いやすい種牡馬で、延長とタフな馬場で狙うというこの2点だけ覚えておいてください。

ウェスタールンドはその典型で、薩摩S（1700m）からシリウスS（2000m）への延長で2着、次走武蔵野S（1600m）で7着と人

ウェスタールンドの戦績(ダート転向後)

日付	レース名	コース	位置取り	上がり	ペース	人気	着順
2018/06/24	津軽海峡特別(1000)	函館ダ1700良	11-11-10-5	35.9	30.5-36.7	6	1
2018/07/28	薩摩S(1600)	小倉ダ1700良	9-8-2-2	36.1	30.9-36.2	1	1
2018/09/29	シリウスS(G3)	阪神ダ2000不	16-16-16-15	35.1	34.7-36.5	7	2
2018/11/10	武蔵野S(G3)	東京ダ1600稍	10-7	36.0	34.8-36.1	3	7
2018/12/02	チャンピオンズC(G1)	中京ダ1800良	15-15-15-13	34.4	37.1-35.9	8	2
2019/04/14	アンタレスS(G3)	阪神ダ1800稍	16-16-12-11	37.3	35.3-37.6	1	4

気を裏切り、続くチャンピオンズC（1800m）への延長で2着に好走しています。

また、母父ネオユニヴァースでNHKマイルCや毎日王冠を勝っているアエロリットは短縮を苦手にしています。私はマイルCSの前に雑誌の記事で「毎日王冠からの短縮になるローテーションは危険だ」と宣言しました。結果、ムーア鞍上で2番人気に支持されましたが12着に惨敗しました。

これは、延長が得意な馬は、前半の入りが前走より遅くなると好走して、速くなると凡走するという当然のメカニズムによるものです。つまり、距離が延びたり縮んだりすることが問題なのではなく、テンのスピードが問題だということです。ネオユニヴァースのほかに、ハーツクライやハービンジャーも同様の特徴をもっています。

芝スタート→ダートスタートに注意

ダートの場合、前半の入りにスピードに関わって、スタートが芝かダートかという問題が出てきます。アストロノーティカという馬は、京都ダート1200mへの短縮で2度好走しているのですが、詳しく見ると前走が中京ダート1400mと阪神ダート1400mで、どちらも芝スタートのコースをテンから追走して凡走していました。京都ダート1200mはダートスタートです。実際に京都ダート1200mに替わって、距離は短くなっているのに、アストロノーティカ自身のテン3Fは前走より1秒以上遅く入ることができ、好走につながったのです。

この馬は短縮で4度好走しているので、何も知らずに戦績を見ると、短縮が得意な馬だと勘違いをして痛い目を見ることになります。延長が得意な種牡馬を狙うときには、今回テンに無理をしないで済むかどうかを検討するのがポイントです。

アストロノーティカの戦績

日付	レース名	コース	位置取り	上がり	ペース	人気	着順
2017/04/09	3歳未勝利	阪神芝1600重	17-14	36.7	35.4-36.6	13	15
2017/04/22	3歳未勝利	京都芝1800良	1-1	35.8	35.7-35.6	10	3
2017/05/07	3歳未勝利	京都芝1800良	1-1	36.4	35.5-35.1	4	9
2017/07/02	3歳未勝利	中京ダ1400稍	8-8	38.0	34.7-38.6	5	1
2017/07/23	3歳以上500万下	函館ダ1700稍	6-6-5-2	38.1	28.7-39.0	4	4
2017/08/13	3歳以上500万下	札幌ダ1700重	4-5-3-2	36.9	29.5-36.7	5	4
2017/10/21	3歳以上500万下	京都ダ1400不	12-10	37.1	33.9-37.8	4	2
2017/11/03	3歳以上500万下	京都ダ1400良	4-2	37.8	35.1-37.2	5	12
2017/12/09	3歳以上500万下	中京ダ1400良	10-9	37.1	34.3-37.5	5	6
2018/01/20	4歳以上500万下	京都ダ1200重	14-14	36.0	35.3-37.3	6	1
2018/02/04	4歳以上1000万下	東京ダ1300不	13-13	35.5	29.4-36.3	6	5
2018/03/25	鈴鹿特別(1000)	中京ダ1400良	8-7	37.6	35.1-37.5	3	9
2018/05/20	日吉特別(1000)	東京ダ1300良	15-15	35.8	29.3-37.3	7	9
2018/07/15	タイランドC(500)	中京芝1400良	12-12	34.7	34.5-34.9	8	10
2018/09/22	3歳以上500万下	阪神ダ1400不	12-9	37.0	34.4-36.5	3	10
2018/11/10	3歳以上500万下	京都ダ1200稍	14-13	35.0	34.9-36.7	8	2
2019/02/24	4歳以上500万下	阪神ダ1200良	13-9	35.4	35.6-36.7	5	3
2019/03/10	4歳以上500万下	中京ダ1200稍	15-15	35.4	35.0-37.2	2	2
2019/03/23	4歳以上500万下	阪神ダ1200良	13-9	36.1	35.2-36.9	1	5
2019/05/18	4歳以上500万下	京都ダ1200良	13-13	35.8	34.6-37.3	2	5
2019/07/20	3歳以上1勝クラス	中京ダ1200重	13-12	35.6	34.6-36.1	3	4

POINT ネオユニヴァースのクセ

1. 延長ローテとタフな馬場が得意。
2. 延長に限らず、前半の入りが緩むのを好む。
3. ダートの場合、芝スタートからダートスタートへ変わるパターンに注意。

Sample Race

2017年9月2日　新潟1R　2歳未勝利　ダ1800m良

着	馬名	父	2走前	前走	人気
1	8⑭グラファイト	エイシンフラッシュ		東京芝18 9人11着	7
2	4⑥マイネルサリューエ	ネオユニヴァース	東京芝18 11人9着	東京芝16 5人6着	1
3	3⑤マイネルメモーリア	アイルハヴアナザー		新潟芝18 8人9着	15

単勝1,380円　複勝460円 260円 3,390円　枠連1,180円　馬連4,800円
ワイド1,560円 18,940円 9,830円　馬単9,550円　三連複163,780円　三連単1,333,040円

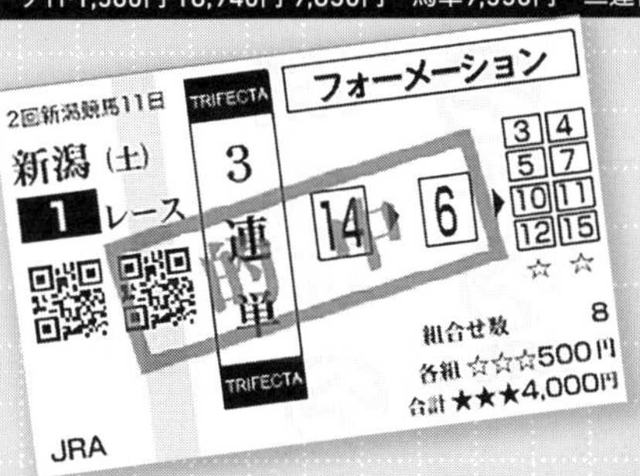

マイネルサリューエは父ネオユニヴァースで延長の馬場替わりローテ。勝ったグラファイトは母父ネオユニヴァースで馬場替わりローテ。マイネルメモーリアはアイルハヴアナザーのダート替わり。

666万5200円の払い戻し!!

ブラックタイド

2001年生
黒鹿毛　早来産

主な勝ち鞍　スプリングS

サンデーサイレンス	Halo	Hail to Reason	Turn-to
			Nothirdchance
		Cosmah	Cosmic Bomb
			Almahmoud
	Wishing Well	Understanding	Promised Land
			Pretty Ways
		Mountain Flower	Montparnasse
			Edelweiss
ウインドインハーヘア	Alzao	Lyphard	Northern Dancer
			Goofed
		Lady Rebecca	Sir Ivor
			Pocahontas
	Burghclere	Busted	Crepello
			Sans Le Sou
		Highclere	Queen's Hussar
			Highlight

代表産駒（総賞金順）

キタサンブラック、マイネルフロスト、サイモンラムセス、テイエムイナズマ、タガノエスプレッソ、アスカビレン、フィールザスマート、プランスペスカ、テーオービクトリー

弟のディープよりも短縮が得意

　ディープからキレを削って、少しパワー寄りにするとブラックタイドになります。ディープのいいところが消えて、より普通の馬になるというイメージでしょうか。パワーに寄った分、ブラックタイド産駒はディープ産駒よりも短縮を得意としています。馬格が大きい馬が多い反面、瞬発力に秀でた馬は少なく、パワーと持続力が身上というのが主な特徴です。

　全兄弟でここまで差が出るのかと考える人がいるかもしれませんが、ここには馬格が関わってきます。言うなれば、「馬格で走ったブラックタイド」と「バネ（筋肉）で走ったディープインパクト」の差です。現役時代の立ち写真を見られるのであれば、ぜひ比べてみてほしいのですが、立ち姿だけを見ると確実にブラックタイドの方が見栄えがします。実は、種牡馬は馬格がないほうがいいというのが通説で、ごつい印象が強いアメリカの種牡馬も、活躍しているのは意外と馬体が薄いタイプだと言われています。筋肉で走ったタイプのほうが、馬格で走ったタイプよりも種牡馬としては優秀なパターンが多いというのは面白い傾向です。

POINT ブラックタイドのクセ

1 パワーと持続力が身上で、短縮向き。

Sample Race

2018年11月3日　京都10R　貴船S　ダ1400m良

着	馬名	父	2走前	前走	人気
1	5⑩ワンダーサジェス	ブラックタイド	中京ダ14 5人2着	東京ダ16 9人10着	7
2	2③シヴァージ	First Samurai	東京ダ16 2人1着	東京ダ14 1人2着	1
3	1①カネトシビバーチェ	キングカメハメハ	阪神ダ14 6人2着	京都ダ12 7人4着	5

単勝3,680円　複勝470円 110円 320円　枠連490円　馬連2,520円
ワイド890円 4,010円 590円　馬単9,800円　三連複7,650円　三連単90,260円

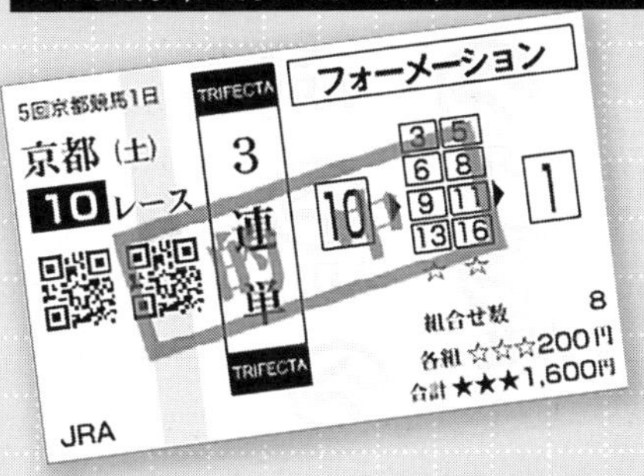

ブラックタイド産駒のワンダーサジェスは延長失敗後の短縮ローテという最高のパターン。しかも、前走は自身初の1600mで非常に苦しいレースだった。

18万520円の払い戻し!!

ヘニーヒューズ

2003年生
栗毛　米国産

主な勝ち鞍　[米]キングズビショップS、[米]ヴォスバーグS、[米]サラトガスペシャルS

ヘネシー	Storm Cat	Storm Bird	Northern Dancer
			South Ocean
		Terlingua	Secretariat
			Crimson Saint
	Island Kitty	Hawaii	Utrillo
			Ethane
		T. C. Kitten	Tom Cat
			Needlebug
Meadow Flyer	Meadowlake	Hold Your Peace	Speak John
			Blue Moon
		Suspicious Native	Raise a Native
			Be Suspicious
	Shortley	Hagley	Olden Times
			Teo Pepi
		Short Winded	Harvest Singing
			Wild Cloud

代表産駒（総賞金順）

モーニン、ケイアイレオーネ、アジアエクスプレス、ヘニーハウンド、ワイドファラオ、ドンフォルティス、イーグルバローズ、クイーンズテソーロ、バイラ、レピアーウィット、ノーウェイ

スタンダードなダート種牡馬のナンバー2

ヘニーヒューズはとてもまとまったタイプで、早熟タイプの種牡馬です。馬体が完成するのが早く、成長力はそれほど期待できません。なので2歳の時に強かった馬が古馬になってサッパリという場面も多く見ます。ローテーション別の傾向としては、短縮の方が良く、延長が下手。サウスヴィグラス産駒と基本的な狙い方は同じですが、そこまで先行できるときだけを狙い撃つ必要はありません。逃げ差し問わず、短縮ならいつでも狙えるスタンダードなダート種牡馬のナンバー2です。スピード上位で、揉まれても砂をかぶって問題ないという点

で、ダート馬としてはかなり優秀な種牡馬です。

あえて例を挙げるのであれば、オープン馬のイーグルバローズは特徴的です。この馬は9戦して1番人気7回、2番人気2回と人気を背負うタイプで、[5-0-0-4]と勝つか負けるか極端な戦績を残しています。このうち、ダート1800mのデビュー戦での敗戦を除くと、短縮好走明けの同距離で凡走したケースが1回、延長で飛んだケースが2回と敗因が明確です。こうした種牡馬の特徴に気付いていれば、飛んだレースでおいしい馬券を狙い撃つことができていたわけです。

イーグルバローズの戦績

日付	レース名	コース	位置取り	上がり	ペース	人気	着順
2017/07/30	3歳未勝利	新潟ダ1800良	8-8-7-7	39.9	36.9-38.1	2	5
2017/08/27	3歳未勝利	札幌ダ1700良	1-1-1-1	36.8	30.7-36.8	1	1
2017/10/28	3歳以上500万下	東京ダ1600稍	1-1	35.9	35.3-35.9	1	1
2018/05/26	富嶽賞(1000)	東京ダ1400良	5-4	35.5	35.5-36.0	1	1
2018/12/02	鳴海特別(1000)	中京ダ1200良	4-4	35.7	34.4-36.1	1	1
2019/01/12	初春S(1600)	中山ダ1200良	12-12	36.3	33.9-37.0	1	6
2019/02/03	銀蹄S(1600)	東京ダ1400稍	13-13	35.6	36.1-35.9	1	8
2019/05/12	BSイレブン賞(1600)	東京ダ1400良	12-10	34.6	36.6-35.4	1	1
2019/06/22	アハルテケS(OP)	東京ダ1600重	10-10	36.1	34.4-37.0	2	6

POINT ヘニーヒューズのクセ

1. 逃げ差し問わず、短縮ならいつでも狙える。
2. 短縮好走後の同距離や延長で嫌う。

オルフェーヴル

2008年生
栗毛 白老産

主な勝ち鞍 クラシック三冠、有馬記念、宝塚記念、フォワ賞、大阪杯

ステイゴールド	サンデーサイレンス	Halo	Hail to Reason
			Cosmah
		Wishing Well	Understanding
			Mountain Flower
	ゴールデンサッシュ	ディクタス	Sanctus
			Doronic
		ダイナサッシュ	ノーザンテースト
			ロイヤルサッシュ
オリエンタルアート	メジロマックイーン	メジロティターン	メジロアサマ
			シエリル
		メジロオーロラ	リマンド
			メジロアイリス
	エレクトロアート	ノーザンテースト	Northern Dancer
			Lady Victoria
		グランマスティーヴンス	Lt. Stevens
			Dhow

代表産駒（総賞金順）

ラッキーライラック、エポカドーロ、サラス、アルドーレ、ストーミーバローズ、グアン、ムーンレイカー、バイオスパーク、ボードウォーク、ロックディスタウン、レッドラフェスタ

気性が前向き過ぎて短縮向きになった特異な例

オルフェーヴル産駒の最も目立つ特徴は、気性が前向きすぎる点です。調教で好時計を出し過ぎて、レースでは嫌気がさして投げ出すパターンすらあります。そうした気性ですから、当然のごとく基本は短縮向き。延長で失敗して短縮で走るケースがほとんどです。

代表産駒のエポカドーロはクラシック路線を歩んだこともあり、たまたま延長ローテの前残りに好走実績が偏っていますが、菊花賞からの短縮になった中山記念では過去最高タイの末脚を使って敗退しました。これは、適性は合っていたけれど展開で負けたレースです。また、

2019年2月24日　中山11R　中山記念　芝1800m良

着	馬名	父	2走前	前走	人気
1	1①ウインブライト	ステイゴールド	京都芝16 14人9着	中山芝20 3人1着	5
2	3③ラッキーライラック	オルフェーヴル	東京芝24 2人3着	京都芝20 2人9着	6
3	6⑦ステルヴィオ	ロードカナロア	東京芝18 3人2着	京都芝16 5人1着	2

単勝700円　複勝190円 240円 160円　枠連2,450円　馬連2,470円
ワイド720円 420円 710円　馬単4,670円　三連複3,260円　三連単22,810円

このレースでは、ラッキーライラックも短縮で一変しました。
　実は全兄であるドリームジャーニーの産駒は延長の方が向いています。そもそも、母系にメジロマックイーンを持つ馬は基本的に延長のほうがいいというのが定説です。おそらくゴールドシップ産駒もそうなるはずです。それを凌駕して短縮向きになるほど前向きな気性のオルフェーヴルは特別な種牡馬だと言えます。

馬場適性はステイゴールドとほぼ一緒

　オルフェーヴル産駒は、馬場適性としてはステイゴールド産駒とほぼ一緒だと捉えて問題ありません。ややタフな馬場もこなせるし、ローカルの洋芝で雨が降っているようなコンディションも意外にこなせるタイプです。ラッキーライラックのように母系がアメリカ血統だと高速馬場にも対応できますが、瞬発力比べになるとやはりディープ産駒には敵いません。
　ステイゴールドとの違いを挙げるとすれば、ダートも走ること。気が強く砂をかぶっても怯まない産駒が多いのが特徴です。

POINT　**オルフェーヴルのクセ**

1　短縮が得意。ダート替わりも苦にしない。

アイルハヴアナザー

2009年生
栗毛　米国産

主な勝ち鞍　[米]サンタアニタダービー、[米]ケンタッキーダービー、[米]プリークネスS

Flower Alley	Distorted Humor	フォーティナイナー	Mr. Prospector
			File
		Danzig' s Beauty	Danzig
			Sweetest Chant
	プリンセスオリビア	Lycius	Mr. Prospector
			Lypatia
		Dance Image	Sadler's Wells
			Diamond Spring
Arch's Gal Edith	Arch	Kris S.	Roberto
			Sharp Queen
		Aurora	Danzig
			Althea
	Force Five Gal	Pleasant Tap	Pleasant Colony
			Never Knock
		Last Cause	Caucasus
			Last Bird

代表産駒(総賞金順)

アナザートゥルース、アンノートル、マイネルユキツバキ、メイショウワザシ、フィスキオ、スズカガルチ、マイネルブロッケン、マイネルズイーガー、ピンキージョーンズ、タガノアニード

アメリカ血統だが、強烈なほど延長を得意とする

アイルハヴアナザーは、アメリカ血統であるフォーティナイナー系にしては珍しく、強烈なほどの延長を得意とする種牡馬です。基本はダート向きですが、芝ダート問わず、延長であればどれほど惨敗した後でも巻き返すところが特徴です。

アメリカの中長距離路線の種牡馬には、これまでも延長が得意な種牡馬はいました。例えば、エンパイアメーカーやウォーエンブレムが挙げられます。アイルハヴアナザー自身もケンタッキーダービーまでの3戦は全て延長で勝っていました。

2018年9月23日　中山3R　3歳未勝利　ダ1800m稍重

着	馬名	父	2走前	前走	人気
1	2④サクラメント	アイルハヴアナザー	浦和ダ14 6人5着	新潟ダ12 14人9着	15
2	3⑥イディナローク	シニスターミニスター	新潟ダ18 5人5着	新潟ダ18 7人2着	3
3	7⑭バトルフガクオウ	シンボリクリスエス	新潟ダ18 1人3着	新潟ダ18 1人10着	4

単勝29,540円　複勝6,150円 210円 230円　枠連6,250円　馬連91,080円
ワイド20,230円 32,730円 760円　馬単230,100円　三連複182,250円　三連単2,970,820円

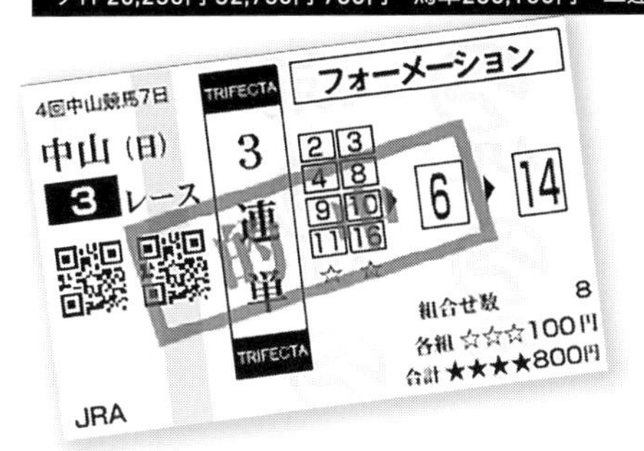

サクラメントはダート1600mでデビューし、1400m→1400m→1200mと使われるも振るわず。一気の距離延長で激変した。

297万820円の払い戻し!!

馬券的な狙い方としては、大幅延長ローテをこなすことができるので、延長幅は大きいほうが馬券的な妙味は高くなります。そうは言っても本命にしづらいタイプなので、ヒモに入れておくと思わぬ高配当につながるというのがよくあるパターンでしょうか。

2018年9月23日の3歳未勝利戦でサクラメントというアイルハヴアナザー産駒が1200m→1800mの大幅距離延長で15番人気1着（単勝295倍）と激走しています。私は、単にアイルハヴアナザー産駒は延長が得意という理由だけで買い目に加えたのですが、2、3着が3、4番人気であるにもかかわらず、結果として3連単297万円を獲ることができました。人気にもなりづらいのでハマったときの破壊力は大きい種牡馬だと言えます。

POINT　アイルハヴアナザーのクセ

1　延長ローテが得意で、大幅な延長もこなす。

ジャスタウェイ

2009年生
鹿毛　浦河産

主な勝ち鞍　天皇賞秋、[首]ドバイデューティフリー、安田記念、中山記念

ハーツクライ	サンデーサイレンス	Halo	Hail to Reason
			Cosmah
		Wishing Well	Understanding
			Mountain Flower
	アイリッシュダンス	トニービン	カンパラ
			Severn Bridge
		ビューパーダンス	Lyphard
			My Bupers
シビル	Wild Again	Icecapade	Nearctic
			Shenanigans
		Bushel-n-Peck	Khaled
			Dama
	シャロン	Mo Exception	Hard Work
			With Exception
		Double Wiggle	Sir Wiggle
			Blue Double

代表産駒（総賞金順）

ヴェロックス、アドマイヤジャスタ、アウィルアウェイ、ロードマイウェイ、マスターフェンサー、グロオルロージュ、ラブミーファイン、ラミエル、エイシンゾーン、シングフォーユー、カリボール

自身は短縮こなしたが、やはり延長種牡馬に

父のハーツクライは完全に延長向きで主張が強い種牡馬ですが、ジャスタウェイはそれよりは短縮をこなす産駒が多いだろうと思っていました。そもそも、ジャスタウェイ自身は、ハーツ産駒では例外的に短縮向きの馬でした。また、実際に、私は新馬（1800m）→函館2歳S（1200m）の短縮で7番人気2着好走したラブミーファインの馬券を獲ったので、そのイメージが強かったという理由もあります。

ところが、出走回数が増えてくるにつれて延長の成績がどんどんよくなってきたので、最近になって認識を改めました。結局、主張が強いハーツが出てきてしまったのでしょう。馬券的には、短縮時と延長時の複勝率はどちらも22～23%で同様ですが、短縮の複勝回収率41%に対して延長の複勝回収率77%と明らかに妙味が大きくなっています。特に、ダートの短縮は全く走らなくなる反面、延長だと芝よりも期待値が高くなります。芝ではダートほどの期待値はありませんが、一般的に不利に働く延長で期待値を下げていないので、相対的に狙い目になります。と言っても、芝の人気馬は短縮で飛ぶわけではないので、穴狙いには向いていないかもしれません。

ハーツ産駒よりも仕上がりは早い

ジャスタウェイ産駒は、ハーツ産駒に比べると緩さがなくて、仕上がりが遅いというわけではありません。これは、母父にWild Againが入ったためです。ジャスタウェイの代表産駒にヴェロックスがいますが、この馬のように先行タイプかつクラシックで活躍した産駒はハーツにはいませんでした。ハーツ産駒の活躍馬は、ほとんどが末脚を活かすタイプです。ヴェロックスの母父はヨーロッパ血統のMonsunですから、先行できるようなスピードは父からの遺伝であることは間違いありません。能力が高いのでわかりにくいですが、ヴェロックスもデビューからダービーまで、一度も短縮せずに延長しながら好走を重ねてきています。

ただ、ジャスタウェイ産駒は短縮も延長もこなす馬がいるので、何戦か戦績を見て、どちらに向いているかを判断して狙うことをオススメします。

POINT　ジャスタウェイのクセ

1　延長寄りの種牡馬。短縮もこなす馬もいるが、馬券的妙味は延長にあり。

エンパイアメーカー

2000年生
黒鹿毛　米国産

主な勝ち鞍　[米]フロリダダービー、[米]ウッドメモリアルS、[米]ベルモントS

Unbridled	Fappiano	Mr. Prospector	Raise a Native
			Gold Digger
		Killaloe	Dr. Fager
			Grand Splendor
	Gana Facil	Le Fabuleux	Wild Risk
			Anguar
		Charedi	In Reality
			Magic
Toussaud	El Gran Senor	Northern Dancer	Nearctic
			Natalma
		Sex Appeal	Buckpasser
			Best in Show
	Image of Reality	In Reality	Intentionally
			My Dear Girl
		Edee's Image	Cornish Prince
			Ortalan

代表産駒（総賞金順）

フェデラリスト、ナムラアラシ、スーサンジョイ、エテルナミノル、カイザーバル、スマートダンディー、タガノディグオ、ナムラアン、イジゲン、グランドボヌール、オールドパサデナ

アメリカで発展している系統だが、日本では……

エンパイアメーカーは中距離向きのアメリカ血統で、アイルハヴアナザーと通じる部分があります。いい馬が多いけれど、日本には合わない種牡馬の典型で、見栄えがする馬体を活かして、アメリカではかなり発展している系統です。

同じ時計でも前半が速いのがアメリカで、後半が速いのが日本の競馬の特徴です。アメリカの消耗戦で乳酸に耐えうる体＝ムキムキの筋肉質になるので見栄えがしますが、日本の後半勝負では甘くなるわけです。

ちなみに、エンパイアメーカーの父はUnbridledですが、現代アメリカ競馬ではUnbridledやCaroが入っている馬がブームで、その代表がドバイワールドCやペガサスワールドCを勝ったアロゲートです。

前走よりテンが遅くなったときに走る延長種牡馬

馬券的には、短縮ローテと延長ローテの期待値がほぼ同じなので、通常延長のほうが期待値を下げることを考慮すると、延長向きと判断できます。また、ネオユニヴァース産駒と同様に、芝スタートからダートスタートに替わる短縮で走っているため、数字上は短縮の期待値が高くなっています。つまり、前走よりテンが遅くなったときに走りやすいタイプの延長種牡馬だということです。

エンパイアメーカーはもともとが中距離向きなので、延長でも短距離よりは中長距離のほうが成績が良くなっています。また、短縮で凡走した後の同距離も狙い目になります。短縮が苦手だから凡走したわけなので、次走同距離ならパフォーマンスを上げるのは当然です。この辺りは意外に馬券の盲点になるのでぜひ覚えておいてください。

2018年7月1日3歳500万下で9番人気1着と激走したワンダーレアリサルはまさにこのパターンで、前走は1800mから1400mの短縮で凡走して人気を落としていました。同距離となる今回はもともとこのクラスで上位人気に支持されていた実力を存分に発揮しました。

また、エンパイアメーカー産駒は馬場が渋ったダートの高速馬場が得意だということも覚えておきたいところです。

POINT エンパイアメーカーのクセ

1. 前走よりテンが遅くなったときに走りやすいタイプの延長種牡馬。短縮ローテで凡走した後の同距離ローテも走る。
2. 芝スタートからダートスタートに替わる短縮には注意。
3. ダートの高速馬場が得意。

Sample Race

2018年7月1日　中京7R　3歳以上500万下　ダ1400m良

着	馬名	父	2走前	前走	人気
1	1②ワンダーレアリサル	エンパイアメーカー	中京ダ18 2人6着	京都ダ14 6人7着	9
2	6⑪クリノアントニヌス	ロードアルティマ	阪神ダ18 8人6着	京都ダ18 8人7着	13
3	8⑯マッカートニー	キングカメハメハ	京都ダ18 4人10着	阪神ダ18 8人5着	2

単勝3,030円　複勝740円 1,730円 210円　枠連790円　馬連74,910円
ワイド16,500円 1,830円 3,470円　馬単110,400円　三連複68,840円　三連単659,420円

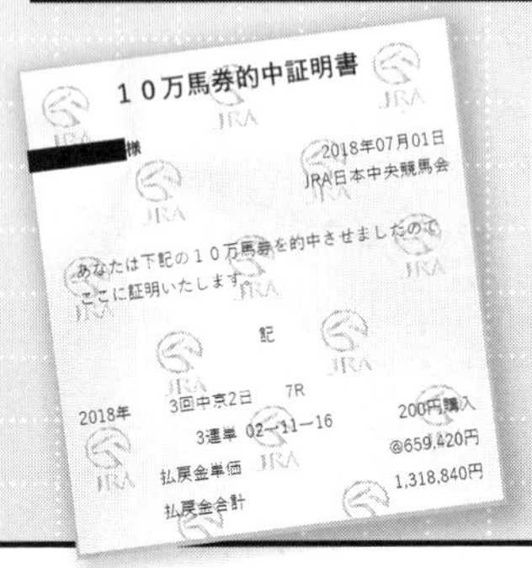
１０万馬券的中証明書

様

2018年07月01日
JRA日本中央競馬会

あなたは下記の１０万馬券を的中させましたので
ここに証明いたします。

記

2018年　3回中京2日　7R
3連単　02—11—16　200円購入
払戻金単価　@659,420円
払戻金合計　1,318,840円

ワンダーレアリサルが短縮ローテ失敗後の同距離で激走。エンパイアメーカー産駒は延長だけでなく、このパターンにも要注意。

131万8840円の払い戻し!!

アメリカ血統を短縮向き、延長向きで分類

日本で走っているアメリカ血統の種牡馬を短縮と延長のどちらが得意かで分類すると、下の図のようになります。延長が得意な種牡馬を覚えておけば、あとは基本的に短縮が得意だと考えても問題ありません。このうち、ヨハネスブルクは短距離向きで延長が得意という珍しいタイプ。ヨハネスブルクのように母父にオジジアンやDamascusが入ると延長向きになります。

短縮ローテが得意な米国血統

- サウスヴィグラス
- カジノドライヴ
- ヘニーヒューズ
- プリサイスエンド
- パイロ
- だいたいのマル外

延長ローテが得意な米国血統

- エンパイアメーカー
- Fusaichi Pegasus
- アイルハヴアナザー
- ダマスカス系
- ヨハネスブルグ
- Affirmedの血を持った馬

タイキシャトル

1994年生
栗毛 米国産

主な勝ち鞍 マイルCS、スプリンターズS、安田記念、[仏]ジャック・ル・マロワ賞

Devil's Bag	Halo	Hail to Reason	Turn-to
			Nothirdchance
		Cosmah	Cosmic Bomb
			Almahmoud
	Ballade	Herbager	Vandale
			Flagette
		Miss Swapsco	Cohoes
			Soaring
ウェルシュマフィン	Caerleon	Nijinsky	Northern Dancer
			Flaming Page
		Foreseer	Round Table
			Regal Gleam
	Muffitys	Thatch	Forli
			Thong
		Contrail	Roan Rocket
			Azurine

代表産駒(総賞金順)

メイショウボーラー、レッドスパーダ、ゴールデンキャスト、サマーウインド、ランヘランバ、ウインクリューガー、ウイングレット、ドリームサンデー、マイケルバローズ、ディアチャンス

「芝向き」で「短縮得意」この2つを覚えるだけ

タイキシャトル産駒は、「芝向き」で「短縮得意」。この2つを覚えておけば何も難しいことはない種牡馬です。なぜかダートに出走してくることが多いのですが、数字で見ても、芝は複勝率21%の複勝回収率91%に対して、ダートは複勝率16%の複勝回収率61%とその差は明らかです。

加えて、芝に限ると、短縮は複勝率22%の複勝回収率112%で、買い続けるだけでプラスになります。延長は複勝率13%の48%と全く振るわないので、いかに短縮向きの種牡馬であるかがわかります。

例えば、スマートシャヒーンは新馬戦をダートで勝ち上がり、その後もダートを使われていました。私は芝馬だと思っていたので、デビュー戦から5戦ずっと「馬場不利」と判定していました。6戦目の初芝こそ4着と馬券に絡めませんでしたが、初めて「馬場不利」を外しました。ところが陣営は何を思ったか7戦目で再びダートへ。元来、芝馬のうえに、一度楽な芝を経験してしまったスマートシャヒーンは当然のように15着に大敗しました。

芝に戻った次走、前走の大敗が響いて8番人気と低評価でしたが、逃げてあっさり1着。本命にして、3連単49万馬券を獲ることができました。これまで砂をかぶって嫌気を出しながら走っていた同馬にとって、芝で逃げる競馬は相当楽だったはずです。

ちなみにこの馬が2秒以上大敗したのは、ダートに戻った7戦目とダート1200mから1400mに延長した3戦目だけです。まさに典型的なタイキシャトルだと言えます。

似たようなタイプに3歳馬のマゼがいます。ダートで3戦しただけ

スマートシャヒーンの戦績

日付	レース名	コース	位置取り	上がり	ペース	人気	着順
2016/12/03	2歳新馬	中山ダ1200重	4-4	37.8	34.5-38.2	2	1
2017/01/08	3歳500万下	京都ダ1200稍	5-7	37.7	35.4-36.8	2	9
2017/05/14	3歳500万下	京都ダ1400重	2-3	40.4	34.7-37.1	9	13
2017/10/21	3歳以上500万下	新潟ダ1200良	4-4	36.6	35.3-36.7	6	5
2017/11/11	3歳以上500万下	福島ダ1150良	6-5	38.1	31.3-37.0	5	8
2018/03/10	4歳以上500万下	中京芝1200稍	4-6	35.4	34.5-35.5	4	4
2018/03/31	4歳以上500万下	阪神ダ1200良	4-4	39.4	35.1-37.5	8	15
2018/07/14	マカオJCT(500)	中京芝1200良	1-1	34.1	34.0-34.1	8	1
2018/09/02	飯豊特別(1000)	新潟芝1200良	12-12	33.5	34.4-34.1	7	9
2018/09/30	勝浦特別(1000)	中山芝1200稍	4-4	34.7	33.8-34.8	7	3
2018/12/15	中京日経賞(1000)	中京芝1200良	2-2	34.4	34.6-33.8	4	4
2019/01/26	知立特別(1000)	中京芝1200良	1-1	34.4	34.3-33.9	4	7
2019/02/02	乙訓特別(1000)	京都芝1200良	3-3	35.5	34.6-34.9	4	10
2019/05/26	御池特別(1000)	京都芝1200良	10-9	34.0	34.4-33.6	10	12

2018年7月14日　中京9R　マカオJCトロフィー　芝1200m良

着	馬名	父	2走前	前走	人気
1	5⑧スマートシャヒーン	タイキシャトル	中京芝12 4人4着	阪神ダ12 8人15着	8
2	4⑦ワールドフォーラブ	ディープインパクト	東京芝14 2人5着	中京芝12 2人4着	1
3	5⑨ジョイフル	キングズベスト	中京芝12 6人4着	東京芝14 5人8着	5

単勝3,030円　複勝710円 170円 200円　枠連550円　馬連8,690円
ワイド2,320円 2,100円 580円　馬単18,870円　三連複9,400円　三連単98,760円

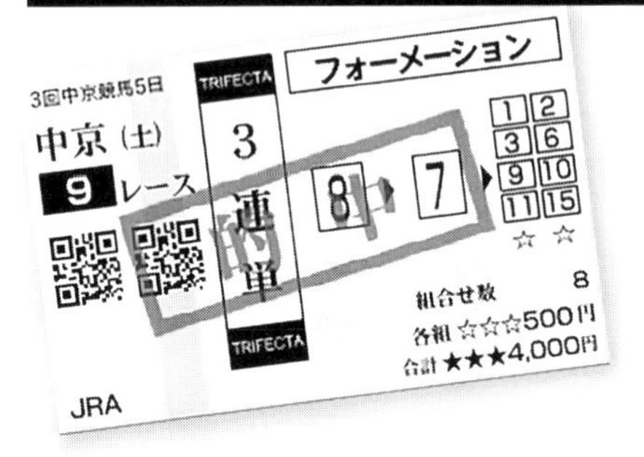

タイキシャトル産駒のスマートシャヒーンがダートから芝替わりで激走。2走前の初芝で4着に善戦しており芝向きであることは明らかだったが、再びダートで大敗したことで人気を落としていた。

49万3800円の払い戻し!!

ですが、この馬は芝で相当強いと思っているので、出走してきたら忘れずに狙ってください。

ダートで狙う場合は、揉まれないことが条件

タイキシャトル産駒は、ダートの場合揉まれないことが大事なので、「外枠でスムーズな競馬で好走した後、内枠に入ったら消し」「内枠で揉まれて凡走した後、外枠に入ったら買い」というような狙い方がいいでしょう。この傾向は母父タイキシャトルでも同様です。ダートでわざわざタイキシャトルを買う必要はないと思うので、父がダート馬で母父タイキシャトルの馬を狙う場合は、揉まれずに競馬ができるかどうかで判断することを心がけてください。

勘違いに気付いていない人が多い分、儲けやすい

タイキシャトル産駒の妙味は、これだけ成績差があるにもかかわらず、芝とダートの出走数がほぼ同数であることです。能力が高い馬は、揉まれなければダートでも走れてしまうだけなのですが、この勘違いに気付いている人間はまだ多くありません。したがって、「芝向き」「短縮得意」を押さえるだけで、簡単に高配当にありつけます。

注意したいのは、母父に延長種牡馬が入ったとき。延長種牡馬は主張が強いので、短縮得意の馬の母父に入っていたら疑ってかかったほうが賢明です。例えば、父タイキシャトルでも母父Fusaichi Pegasusだったら、短縮で信用できるか、私でもかなり悩むと思います。

POINT タイキシャトルのクセ

1. 芝替わりと短縮ローテだけで、高配当にありつける。
2. ダートで狙う場合は、揉まれないことが条件になるので、外枠なら買い、内枠なら消し。

ディープスカイ

2005年生
栗毛　浦河産

主な勝ち鞍　**NHKマイルC、ダービー、神戸新聞杯、毎日杯**

アグネスタキオン	サンデーサイレンス	Halo	Hail to Reason
			Cosmah
		Wishing Well	Understanding
			Mountain Flower
	アグネスフローラ	ロイヤルスキー	Raja Baba
			Coz o'Nijinsky
		アグネスレディー	リマンド
			イコマエイカン
アビ	Chief's Crown	Danzig	Northern Dancer
			Pas de Nom
		Six Crowns	Secretariat
			Chris Evert
	Carmelized	Key to the Mint	Graustark
			Key Bridge
		Carmelize	Cornish Prince
			Miss Carmie

代表産駒（総賞金順）

クリンチャー、モルトベーネ、スピリッツミノル、タマノブリュネット、キョウエイギア、イレイション、サウンドスカイ、サトノセレリティ、ブラックジョー、ディープミタカ、ブラウンレガート

馬券妙味の高い完全なる延長種牡馬

ディープスカイは馬券的に非常に面白い種牡馬です。完全なる延長種牡馬で、延長の複勝回収率が100%を超えている珍しいタイプ。ここには母父のChief's Crownが深く影響しています。ダンチヒ系の中でも、Chief's CrownやDansiliの血は延長を得意としています。

Chief's Crownと言えば、アグネスデジタルの母父で有名です。父のCrafty Prospectorが短縮種牡馬ということでアグネスデジタル産駒はあまり延長向きではありませんが、アグネスデジタル自身が南部杯から天皇賞秋への延長をこなして連勝できたのは母父Chief's

Crownのおかげだと言えます。

的中例として挙げた2019年2月17日の東京6Rは、ディープスカイ産駒の狙い方としてはスタンダードと言えるでしょう。

また、ディープスカイは母父に入っても産駒を延長向きにします。実は、こちらのほうが狙い目なのでチェックが必要です。

POINT ディープスカイのクセ

1. 完全なる延長ローテ向き。
2. 母父に入っても産駒を延長向きにする。馬券的にはこちらのほうが狙い目。

Sample Race

2019年2月17日　東京6R　4歳以上500万下　ダ1300m良

着	馬名	父	2走前	前走	人気
1	6⑫アイアムジュピター	ルーラーシップ	中京ダ14 4人4着	中京ダ14 5人5着	12
2	2③オールデン	ディープスカイ	中山ダ12 2人8着	中京ダ12 2人3着	9
3	4⑧デルマカミカゼ	ストロンググリターン	中山ダ18 14人11着	東京ダ14 11人4着	11

単勝5,950円　複勝1,580円 860円 1,040円　枠連3,460円　馬連54,770円
ワイド12,690円 9,710円 10,110円　馬単115,230円　三連複341,300円　三連単1,307,630円

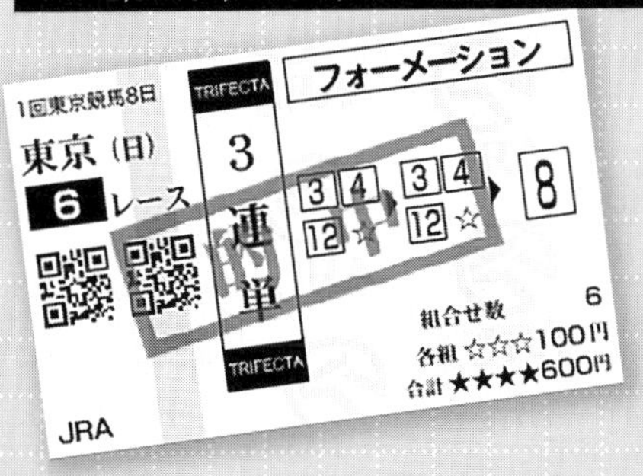

ディープスカイ産駒のオールデンが1200mから1300mへの延長ローテで激走。1着のアイアムジュピターは母父ネオユニヴァースで、芝スタートからダートスタートになりテンが緩むパターンだった。

130万7630円の払い戻し!!

高速血統

高速馬場をこなすかどうかは母の血統で決まる

2018年秋と2019年春の東京開催は異常な高速馬場でした。こうした馬場で、速い時計の決着に対応できる馬かどうかの判断には、牝系を見るのが一番です。現在の競馬はほとんどがサンデー系ですから、その中で適性を測るには牝系で判断するしかないとも言えます。そもそも父で高速馬場が得意な馬は多くありません。

まず、一番ベタなのがボールドルーラー系です。Seattle Slewなど、この系統が母系に入っているだけで高速馬場が得意だと判断して構いません。

数が一番多いのはおそらくヴァイスリージェント系でしょう。芝の高速持続を得意とする系統で、フレンチデピュティやクロフネなど、日本でもなじみの深い名前が並びます。

ダービーとオークスで上位を独占したストームキャット系も高速適性が高いですが、Giant's Causewayなどの欧州型はスピード不足なので除きます。

その他、米国型ミスプロ系やキングマンボ系（キングスベスト、ワークフォース、ルーラーシップなど欧州型除く）、サザンヘイローなどの南米の系統、少し亜流の血ではインリアリティ系も高速馬場を得意としています。

父ステイゴールドでも牝系次第で高速対応可能

2019年春の東京開催を振り返ると、重賞で好走したステイゴールド産駒は軒並み牝系が高速血統でした。安田記念を勝ったインディチャンプは、母母トキオリアリティですからIn Realityをもっていますし、その父Meadowlakeは米国系です。まさに、高速馬場の申し子と言えるでしょう。

また、京王杯SC2着のリナーテは母マルペンサの母系に南米のサザンヘイローが入っています。ヴィクトリアマイルの2着クロコスミアも母父ボールドルーラー系のボストンハーバー。

母父次第で高速馬場にもタフな馬場にも対応できるステイゴールドは本当にすごい種牡馬だと改めて感心しました。

低評価を覆してヴィクトリアマイルを制したハービンジャー産駒ノームコアは、母父クロフネですからヴァイスリージェント系です。父がハービンジャーでも高速上がりに対応できてしまうほど、母系から遺伝するスピードは強いということです。

ちなみに、安田記念で圧倒的人気を裏切って3着に敗退したアーモンドアイは、父ロードカナロアなのでStorm Catをもっています。したがって、高速馬場適性の差で負けたのではなく、枠順の不利で負けたと捉えるべきです。あの内枠先行有利の馬場で大外から32秒4の末脚を使って追い込めるほど、能力と高速適性は高いと考えるのが正解でしょう。

ダートの高速馬場を得意とする血統は？

ダート高速馬場のタイプは2つあります。

①前が止まらない馬場（大量に雨が降った場合になりやすい）

このようなときは、ハイペースでも脚が止まらないアメリカ血統の先行馬を狙うのが良いでしょう。Bold RulerやStorm Catの血を持っていることが重要で、特にエンパイアメーカー、パイロ、カジノドライヴ、ヘニーヒューズ、ヨハネスブルグ、ケイムホーム、サマーバードなどが狙い目です。

②差しが決まる馬場（乾きかけのダートの場合になりやすい）

末脚の上がりスピードが求められるのでサンデーサイレンスの血を

持っている馬が走りやすくなります。

なお、キングカメハメハはダートでも馬場のタイプを問わず、どちらの高速馬場でも激走が期待できます。母系の色を出す種牡馬なので、牝系がアメリカ血統の場合はタイプ①の馬場。母父がサンデーサイレンスの場合はタイプ②の馬場が特に得意です。

Sample Race

2015年6月6日　東京11R　ヴィクトリアRC賞　ダ1600m重

着	馬名	父	2走前	前走	人気
1	3③シンゼンレンジャー	ケイムホーム	東京ダ14 11人10着	東京ダ16 10人10着	8
2	7⑩オメガブレイン	キングカメハメハ	中山芝18 13人12着	中山芝20 12人10着	9
3	5⑥ハギノタイクーン	キングカメハメハ	阪神ダ20 6人8着	阪神ダ18 8人9着	6

単勝3,170円　複勝650円 930円 470円　枠連16,540円　馬連33,840円
ワイド7,000円 3,340円 5,540円　馬単81,710円　三連複87,330円　三連単890,850円

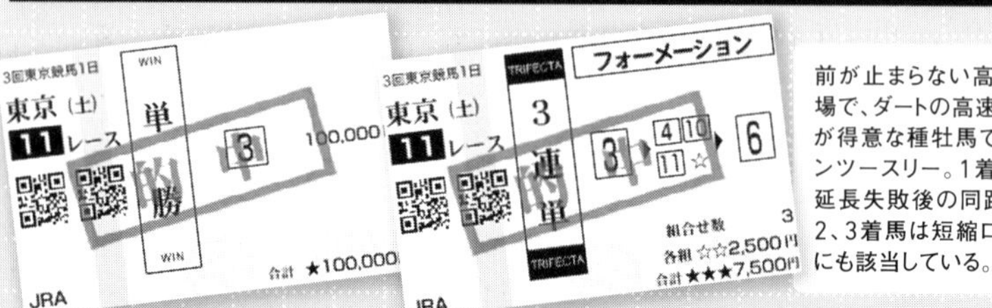

前が止まらない高速馬場で、ダートの高速決着が得意な種牡馬でのワンツースリー。1着馬は延長失敗後の同距離、2、3着馬は短縮ローテにも該当している。

2544万1250円の払い戻し!!

芝の高速血統

- ボールドルーラー系
- ヴァイスリージェント系
- ストームキャット系
（Giant's Causewayは欧州系なので除く）
- 米国型ミスプロ系
- キングマンボ系
（キングスベスト、ワークフォース、ルーラーシップなど
欧州の影響が強い馬は除く）
- サザンヘイローの血
- In Reality

ダートの高速血統

前が止まらない馬場

エンパイアメーカー	サマーバード
カジノドライヴ	パイロ
キングカメハメハ	ヘニーヒューズ
ケイムホーム	ヨハネスブルグ

差しが決まる馬場

サンデーサイレンスの血を持つ馬	キングカメハメハ

chapter 3

狙い方の まとめと応用

chapter 3

「前走経験」と「血統」を馬券に活かすためのコツ

狙い方は大きくわけて3つ

1章、2章では「前走経験」と「血統」の関係について解説してきましたが、この章では馬券に活かすためのコツについて触れたいと思います。

まず大前提として、「前走経験」と「血統」を用いた狙い方は、大きく分けて以下の3つしかありません。

考え方としてはとてもシンプルです。ただし、その3つにも基本と応用があるので、それらについてまとめたいと思います。

狙い方のイメージ

1 短縮が得意な馬を狙う
- 短縮ローテで狙う
- 延長失敗後の同距離で狙う

2 延長が得意な馬を狙う
- 延長ローテで狙う
- 追走が緩むときに狙う
- 短縮失敗後の同距離で狙う

3 馬場替わりを狙う
- 芝血統の芝替わりを狙う
- ダート血統のダート替わりを狙う

好走後の反動も考慮するとさらに精度アップ

短縮が得意な馬の狙い方

延長失敗後の同距離ローテにも注意

短縮の得意な馬の狙い方は2つあります。それぞれを解説していきましょう。

基本 短縮ローテで狙う

これは基本の狙い方で、P61で挙げた彦星賞のような例です。ここまで読まれた方はすでに理解していると思いますので、改めて解説しなくてもいいでしょう。

このときの注意点としては、短縮が決まらない馬場では狙わないことです。その日、その週のレース結果から短縮ローテの馬の成績を見て、あまりに決まってないなら買わない、ある程度決まっているなら狙う、ということです。彦星賞の日はとくに短縮有利だったので、そういうときは積極的に狙うべきです。

応用 延長失敗後の同距離で狙う

こちらは応用編です。

2019年4月28日の京都10R、端午Sを例に挙げて説明します。

このレースで8番人気3着に好走したモンペルデュの戦績を見てください。新馬・3歳500万下をダート1200mで連勝しています。しかも、0.8秒差、0.6秒差をつけての圧勝でした。この圧勝が評価され、オープン競走の昇竜Sでも3番人気に推されますが、アメリカ血統で気性が前向きなモンペルデュにとって延長ローテは不利でしかありません。さらに展開不利も重なり1.1秒差の8着に敗退したのです。

そして、4戦目の端午S。昇竜Sで苦しい思いをした後の同距離ローテですから、馬にとっては楽に感じます。人気も8番人気まで落とし、かっこうの狙い目となりました。

このように「短縮が得意な馬が延長で凡走した後、同距離で狙う」というパターンは盲点になりやすく、短縮ローテの馬を機械的に買う人が増えた今の競馬ではとても有効なのです。

なお、モンペルデュは次走の大府特別を短縮ローテで臨み、レコード勝ちを収めています。短縮が得意な馬の延長ローテというのは、それだけ馬の能力を削ぐというわけです。

モンペルデュの戦績

日付	レース名	コース	位置取り	上がり	ペース	人気	着順
2018/11/17	2歳新馬	京都ダ1200良	1-1	37.3	35.0-37.3	2	1
2019/01/13	3歳500万下	京都ダ1200良	1-1	37.2	35.3-37.2	1	1
2019/03/10	昇竜S(OP)	中京ダ1400稍	4-3	38.0	34.0-37.4	3	8
2019/04/28	端午S(OP)	京都ダ1400良	1-1	36.7	35.2-36.6	8	3
2019/07/07	大府特別(2勝C)	中京ダ1200稍	1-1	36.2	33.5-36.2	1	1

2019年4月28日　京都10R　端午S　ダ1400m良

着	馬名	父	2走前	前走	人気
1	1①ヴァニラアイス	キンシャサノキセキ	阪神ダ12 4人1着	中京ダ14 6人3着	7
2	4⑥ケイアイターコイズ	キンシャサノキセキ	中京ダ14 3人1着	中京ダ14 1人12着	5
3	5⑨モンペルデュ	Cairo Prince	京都ダ12 1人1着	中京ダ14 3人8着	8

単勝1,350円　複勝350円 310円 500円　枠連2,530円　馬連5,260円
ワイド1,520円 2,690円 1,870円　馬単11,270円　三連複23,220円　三連単163,820円

モンペルデュは1200mで連勝後、延長ローテで昇竜Sに臨むも8着に敗退。端午Sでは「延長失敗後の同距離」となり、3着に好走。

16万3820円の払い戻し!!

延長が得意な馬の狙い方

馬券妙味が大きい2つの応用編

延長ローテが得意な馬の狙い方は3つあります。それぞれを解説していきましょう。

基本 延長ローテで狙う

当然これが基本の形です。

例に挙げるのは2018年8月5日の新潟7Rです。このレースを勝ったミラクルブラッドはドリームジャーニー産駒で、「メジロマックイーンの血を持つ馬の延長ローテ」に該当していました。

メジロマックイーンの血を持つ馬は、前走よりも追走が遅くなるときに走り、前走よりも追走が速くなったら走らないというクセを持っており、このときも短縮ローテで惨敗した後の延長ローテで圧勝しています。未勝利を勝ち上がったときも芝からダート替わりで追走が3秒ほど遅くなっており、延長が得意なのは明らかだったので、狙いやすい馬だったと言えます。

ドリームジャーニー自身は朝日杯FSで短縮をこなしましたが、古馬になってからは延長での好走が目立っていました。産駒も延長向きが多いので、延長向き種牡馬として見ていいでしょう。ただ、2章でも書きましたが、全弟のオルフェーヴルは気性のせいか短縮向きの馬が多いので、例外と考えたほうがよさそうです。

ミラクルブラッドの戦績

日付	レース名	コース	位置取り	上がり	ペース	人気	着順
2017/09/30	2歳新馬	中山芝1600良	12-12-8	34.7	36.9-34.6	6	6
2017/10/14	2歳未勝利	東京芝1800稍	4-4-4	34.8	36.8-34.4	6	6
2017/12/16	2歳未勝利	中山ダ1800良	3-3-2-2	38.0	40.2-38.2	3	1
2018/01/06	3歳500万下	中山ダ1800良	5-5-4-3	40.0	36.7-40.1	8	2
2018/03/04	3歳500万下	阪神ダ1800良	15-15-14-10	38.4	36.1-38.2	4	5
2018/04/08	3歳500万下	中山ダ1800良	6-6-5-6	42.0	37.2-39.5	2	12
2018/04/28	3歳500万下	東京ダ1600良	5-7	42.2	34.4-39.2	8	16
2018/08/05	3歳以上500万下	新潟ダ1800良	10-11-8-6	39.1	35.7-39.9	5	1
2018/08/25	瀬波温泉特別（1000）	新潟ダ1800良	10-10-10-10	37.7	36.2-37.9	8	3
2018/09/17	白井特別（1000）	中山芝1800良	8-8-8-7	33.2	37.5-33.9	6	3
2018/12/16	蛍池特別（1000）	阪神芝2000良	4-5-4-5	36.0	36.2-36.3	4	5
2019/01/05	4歳以上1000万下	中山芝1600良	8-9-10	35.7	34.6-36.2	6	9
2019/01/26	4歳以上1000万下	東京ダ2100良	7-7-7-7	37.5	31.4-37.3	6	3
2019/02/11	テレビ山梨杯（1000）	東京芝1800良	4-7-8	33.6	36.6-33.7	10	8
2019/04/13	利根川特別（1000）	中山ダ1800良	14-14-14-5	38.9	36.2-38.0	6	5
2019/05/12	テレ玉杯（1000）	東京芝2000良	10-10-9	34.8	35.2-35.6	9	9
2019/06/09	三田特別（2勝C）	阪神芝2400良	4-4-4-8	40.0	36.4-36.8	12	12

2018年8月5日　新潟7R　3歳以上500万下　ダ1800m良

着	馬名	父	2走前	前走	人気
1	5⑧ミラクルブラッド	ドリームジャーニー	中山ダ18 2人12着	東京ダ16 8人16着	5
2	2③サイモンジルバ	タートルボウル	東京ダ16 1人2着	東京ダ16 1人1着	9
3	1①タツオウカランプ	フリオーソ	福島ダ17 7人5着	福島ダ17 8人7着	14

単勝1,150円　複勝490円 620円 2,600円　枠連2,100円　馬連16,810円
ワイド4,430円 16,060円 15,080円　馬単31,640円　三連複245,500円　三連単718,230円

応用 追走が緩むときに狙う

続いて応用編です。

延長を得意とする馬は、延長ローテではなくても、ペースが緩むときに好走する傾向があります。

2019年1月12日の中山10R、初春Sを11番人気で勝ったモアニケアラは、母父がメジロマックイーンでした。さきほど説明したように、メジロマックイーンの血を持つ馬は追走が遅くなるときに走るクセがあります。

モアニケアラ 初春Sまでの流れ

日付	レース名	コース	位置取り	上がり	ペース	人気	着順
2018/09/09	3歳以上1000万下	中山ダ1200良	10-10	35.8	34.3-37.2	3	1
2018/10/07	テレビ静岡賞（1600）	東京ダ1400良	7-7	36.2	35.3-36.6	9	6
2018/12/08	アクアラインS（1600）	中山ダ1200良	12-11	36.1	33.9-36.3	9	6
2018/12/23	フェアウェルS（1600）	中山ダ1200稍	14-13	36.3	33.4-36.5	12	9
2019/01/12	初春S（1600）	中山ダ1200良	12-10	35.9	33.9-37.0	11	1

2019年1月12日　中山10R　初春S　ダ1200m良

着	馬名	父	2走前	前走	人気
1	3⑥モアニケアラ	マンハッタンカフェ	中山ダ12 9人6着	中山ダ12 12人9着	11
2	2④スピールアスール	キンシャサノキセキ	中山ダ12 4人1着	中山ダ12 1人2着	2
3	5⑨タガノヴィッター	キンシャサノキセキ	新潟ダ12 1人4着	中山ダ12 2人6着	5

単勝11,580円　複勝3,110円 300円 560円　枠連11,840円　馬連34,840円
ワイド7,050円 8,310円 1,000円　馬単120,160円　三連複82,880円　三連単1,032,660円

モアニケアラは「母父メジロマックイーンの追走が緩むパターン」に該当。タガノヴィッターは「キンシャサノキセキのダート外枠」に該当していた。

103万2660円の払い戻し!!

モアニケアラの前走は超ハイペースで1分9秒台の決着でした。中山ダ1200mでそれより速くなることは考えにくいため、今回は追走ペースが緩くなるだろうと読んで対抗にしました。本命には外枠のキンシャサノキセキ産駒タガノヴィッター（5番人気3着）を挙げ、3連単103万2660円を的中させました。

「今回ペースが緩むのは事前にわからないのでは?」と思われるかもしれませんが、以下のような状況であれば予想することが可能です。

前走が極端なハイペース
前走芝➡今回ダート
前走芝スタート➡今回ダートスタート

応用▶短縮失敗後の同距離で狙う

さきほど説明した「短縮が得意な馬の延長失敗後の同距離」の反対で、不利なローテで負けた後に人気を落として巻き返すパターンです。

2019年7月14日の函館3R、3歳未勝利を例に挙げます。

ショウナンバニラ（8番人気1着）の母父キャプテンスティーヴは、

ショウナンバニラの戦績

日付	レース名	コース	位置取り	上がり	ペース	人気	着順
2018/10/14	2歳新馬	東京芝1600稍	11-8	34.9	37.3-34.5	12	12
2018/10/28	2歳未勝利	東京芝1600良	11-10	34.9	35.9-34.5	5	6
2018/12/08	2歳未勝利	中山芝1800良	2-2-2-2	37.3	37.0-36.1	14	6
2019/01/27	3歳未勝利	東京芝1600良	9-8	34.3	35.9-35.2	8	5
2019/02/17	3歳未勝利	東京芝1600良	11-11	33.5	36.2-34.0	8	6
2019/04/21	3歳未勝利	東京芝1600良	3-3	34.9	34.8-34.8	5	6
2019/05/18	3歳未勝利	東京芝1600良	9-6	35.7	34.8-34.8	8	11
2019/06/29	3歳未勝利	函館芝1200良	10-12	35.1	34.1-35.2	6	6
2019/07/14	3歳未勝利	函館芝1200良	8-7	34.9	34.2-35.8	8	1

延長が得意なダマスカス系です。前走は苦手な短縮ローテで6着に負けており、今回は同距離。「短縮失敗後の同距離」に該当したというわけです。

2月17日の「短縮失敗後の同距離」では勝ち馬に0.3秒差まで迫っていたので、2回目の同距離ならもっと走れるだろうと考え印を打ちました（残念ながら、馬券は獲ることはできませんでしたが）。

なお、ショウナンバニラの父はオルフェーヴルで短縮向き種牡馬ですが、ダマスカス系をはじめとする延長種牡馬は主張が強いため、何よりも優先しなければなりません。たとえ父がサウスヴィグラスだとしても、母父がダマスカス系であれば延長向きとみなすことにしています。

延長向きの血はP51に一覧にしていますので、しっかりと覚えてください。

2019年7月14日　函館3R　3歳未勝利　芝1200m良

着	馬名	父	2走前	前走	人気
1	7⑧ショウナンバニラ	オルフェーヴル	東京芝16 8人11着	函館芝12 6人6着	8
2	7⑨インディゴブルー	ロードカナロア	福島芝12 2人3着	函館芝12 2人4着	7
3	5⑤フェニアンサイクル	ロードカナロア	京都芝14内 8人6着	函館芝12 5人2着	2

単勝1,300円　複勝370円 340円 220円　枠連7,840円　馬連7,180円
ワイド2,230円 1,200円 790円　馬単15,700円　三連複11,100円　三連単88,750円

chapter 3

馬場替わりの狙い方

馬場替わりの注目血統を頭に入れておこう

冒頭の「デインヒルの芝替わり」でも詳しく説明しましたが、芝馬なのにダートを使われ続けている馬、ダート馬なのに芝を使われ続けている馬は、意外に多くいます。とくに筋肉量が豊富な馬は、芝血統でもダートを使われがちです。

再三例に挙げている彦星賞の2着馬、ジュンザワールドも大型馬であるためにダートを使われていた馬でした。

ジュンザワールドの血統は、父ゼンノロブロイ、母父シンボリクリスエス、母母父カーリアンです。タイキシャトルもそうですが、カーリアンの血を持っている馬はほとんどが芝馬です。とくにジュンザワールドは祖母がシンコウラブリイですから、最初から自信を持って芝馬と判定していました。

ジュンザワールドは過去に2度芝を使われ、6着、14着という結果でしたが、敗因は明らかでした。1度目の芝は短縮ローテで勝ったあとの延長ローテでした。これで6着なら優秀と言えるレベルです。続くニュージーランドトロフィーは差し決着を先行したので、走りようがありませんでした。その後、短縮ローテでダート1400を使われますが4番人気6着と奮わず。恵まれたローテでもこの程度ですから、芝馬であることを確信しました。

彦星賞はややタフな馬場でしたが、これもジュンザワールドにとってはプラスに働きました。「スピードはないけど芝馬」という日本競馬においては厄介なタイプで、時計がかからないと走れません。だからこそ陣営もダートを使いたくなるということです。

ジュンザワールド　勝ち上がりから彦星賞までの流れ

日付	レース名	コース	位置取り	上がり	ペース	人気	着順
2016/02/07	3歳未勝利	東京ダ1400良	2-2	37.8	35.8-38.0	1	1
2016/03/05	黄梅賞(500)	中山芝1600良	3-5-4	34.7	36.6-34.6	5	6
2016/04/09	ニュージーランドT(G2)	中山芝1600良	2-3-3	37.5	34.9-35.2	16	14
2016/06/26	3歳以上500万下	東京ダ1400稍	7-7	37.7	34.8-37.4	4	6
2016/07/31	3歳以上500万下	新潟ダ1800良	5-5-5-6	39.9	35.7-39.0	4	10
2016/10/08	3歳以上500万下	東京ダ1400稍	4-3	38.1	34.0-38.0	6	5
2016/10/29	3歳以上500万下	東京ダ1300稍	9-10	36.5	29.4-36.8	4	4
2016/11/20	3歳以上500万下	東京ダ1300稍	7-7	35.5	29.8-35.5	4	6
2017/02/11	4歳以上500万下	東京ダ1300良	4-4	36.7	30.3-37.0	3	2
2017/03/04	4歳以上500万下	中山ダ1200稍	5-5	36.9	35.2-37.5	1	3
2017/03/26	4歳以上500万下	中山ダ1200稍	5-2	38.0	33.6-38.3	1	1
2017/06/03	3歳以上500万下	東京ダ1300良	8-6	37.9	29.0-37.7	1	6
2017/07/09	彦星賞(500)	福島芝1200良	7-7	34.4	33.3-35.4	3	2

芝替わりが得意な血統

父

- カロ系(主にコジーンの血)
- タイキシャトル
- デインヒル系
- トウルビヨン系
- フェアリーキング系
- プリンスリーギフト系

母父

- アンバーシャダイ
- カロ系(主にコジーンの血)
- サーゲイロード系(主にハビタットの血)
- タイキシャトル
- タマモクロス
- ダンシングブレーヴ
- デインヒル系
- トウルビヨン系
- フェアリーキング系
- プリンスリーギフト系
- Caerleon

ダート替わりが得意な血統

父

- ヴァイスリージェント系
- エーピーインディー系
- カネヒキリ
- ゴールドアリュール
- スマートファルコン
- タートルボウル
- フォーティナイナー系
- ブライアンズタイムの血
- ワイルドラッシュの血
- 米国型ストームキャット系
- Saint Balladoの血

母父

- アジュディケーティング
- アフリート
- ヴァイスリージェント系
- エーピーインディ系
- ディアブロ
- フォーティナイナー系
- ブライアンズタイムの血
- ワイルドラッシュの血
- 米国型ストームキャット系
- Capoteの血
- Crafty Prospectorの血
- Saint Balladoの血

※馬場替わりの注目血統のより詳しい分類は双馬毅のブログ（https://ameblo.jp/batubatu-soma/）をご覧ください。

chapter 3

応用のさらに応用=反動

好走→反動で凡走→好走の流れを意識する

短縮・延長・馬場替わりは馬のパフォーマンスを上げる起爆剤になりますが、強力なぶん次走の反動も大きくなります。前走で楽な競馬を経験することによって、次は楽に感じなくなるわけですから、大抵の馬がパフォーマンスを落とすというわけです。

以前『競馬研究所2』という本で「短縮好走後の1番人気は危険」というデータを紹介しましたが、反動が好走率を大きく下げるというのは間違いありません。実際に、私はこういう1番人気がいるレースを選び、高配当を獲っています。この反動を意識するだけで、人気馬を次々に消すことができるのです。

そして、反動が使えるのは「消し」だけではありません。反動で負けた馬の次走が「買い」になるからです。「楽→苦→楽」という流れです。例を2つ挙げてみましょう。

タイキシャトルのページでも取り上げたスマートシャヒーンの戦績をもう一度見てください。

2018年7月14日のマカオJCTでは、「タイキシャトル産駒の芝替わり」で8番人気1着に激走します。

次走も芝1200mを使われますが、ここは反動で9着に敗退します。

そして、2018年9月30日の勝浦特別。近2走と同じ芝1200mですが、ここでは7番人気3着と好走するのです。「馬場替わり→同距離反動→同距離」という流れでした。

2017年のキーンランドCを12番人気で勝ったエポワスも反動からの巻き返しパターンに該当していました。

スマートシャヒーンの戦績

日付	レース名	コース	位置取り	上がり	ペース	人気	着順
2016/12/03	2歳新馬	中山ダ1200重	4-4	37.8	34.5-38.2	2	1
2017/01/08	3歳500万下	京都ダ1200稍	5-7	37.7	35.4-36.8	2	9
2017/05/14	3歳500万下	京都ダ1400重	2-3	40.4	34.7-37.1	9	13
2017/10/21	3歳以上500万下	新潟ダ1200良	4-4	36.6	35.3-36.7	6	5
2017/11/11	3歳以上500万下	福島ダ1150良	6-5	38.1	31.3-37.0	5	8
2018/03/10	4歳以上500万下	中京芝1200稍	4-6	35.4	34.5-35.5	4	4
2018/03/31	4歳以上500万下	阪神ダ1200良	4-4	39.4	35.1-37.5	8	15
2018/07/14	マカオJCT(500)	中京芝1200良	1-1	34.1	34.0-34.1	8	1
2018/09/02	飯豊特別(1000)	新潟芝1200良	12-12	33.5	34.4-34.1	7	9
2018/09/30	勝浦特別(1000)	中山芝1200稍	4-4	34.7	33.8-34.8	7	3
2018/12/15	中京日経賞(1000)	中京芝1200良	2-2	34.4	34.6-33.8	4	4
2019/01/26	知立特別(1000)	中京芝1200良	1-1	34.4	34.3-33.9	4	7
2019/02/02	乙訓特別(1000)	京都芝1200良	3-3	35.5	34.6-34.9	4	10
2019/05/26	御池特別(1000)	京都芝1200良	10-9	34.0	34.4-33.6	10	12

2018年9月30日　中山10R　勝浦特別　芝1200m稍重

着	馬名	父	2走前	前走	人気
1	6⑧ラフィングマッチ	タイキシャトル	小倉芝12 3人1着	中山芝12 3人4着	4
2	7⑩セイウンリリシイ	ダイワメジャー	福島芝12 5人12着	新潟芝12 2人1着	8
3	2②スマートシャヒーン	タイキシャトル	中京芝12 8人1着	新潟芝12 7人9着	7

単勝700円　複勝240円 440円 510円　枠連660円　馬連4,740円
ワイド1,670円 1,610円 3,130円　馬単7,530円　三連複24,040円　三連単104,240円

まず、2走前の函館スプリントS（GⅢ）を得意の短縮ローテで3着に好走します。続くUHB賞（OP）は同距離ローテで7着に負けます。明らかな反動です。UHB賞では1番人気に推されたわけですから、「短縮好走後の1番人気」という危険パターンに該当していました。

そして、この敗戦により重賞3着がフロック視され、キーンランドCでは一気に人気を落とします。私はエポワスに本命を打ちましたが、「短縮好走→同距離反動→同距離」という流れさえわかっていれば、容易に狙えたのです。

エポワス　キーンランドCまでの流れ

日付	レース名	コース	位置取り	上がり	ペース	人気	着順
2016/12/04	タンザナイトS(OP)	阪神芝1400稍	2-2	34.3	35.7-34.4	9	2
2017/04/09	大阪ーハンブルクC(OP)	阪神芝1400稍	5-4	34.9	35.5-35.2	4	1
2017/06/18	函館スプリントS(G3)	函館芝1200良	7-9	34.1	32.2-34.6	7	3
2017/08/06	UHB賞(OP)	札幌芝1200良	3-4	34.6	33.5-34.2	1	7
2017/08/27	キーンランドC(G3)	札幌芝1200良	12-8	34.4	33.5-35.5	12	1

2017年8月27日　札幌11R　キーンランドC　芝1200m良

着	馬名	父	2走前	前走	人気
1	6⑧エポワス	ファルブラヴ	函館芝12 7人3着	札幌芝12 1人7着	12
2	7⑪ソルヴェイグ	ダイワメジャー	中京芝12 6人9着	東京芝16 9人5着	2
3	5⑥ナックビーナス	ダイワメジャー	中山芝12 3人2着	中京芝12 12人8着	5

単勝2,120円　複勝550円 190円 340円　枠連570円　馬連4,570円
ワイド1,740円 3,000円 860円　馬単13,640円　三連複15,390円　三連単114,130円

あとがき

競馬予想の楽しさは自分で考えて答えを出すことです。本書で紹介した種牡馬のクセも、何百何千ものレースを見ながら、考えて考えて見つけたものです。本当に馬券に使えるクセは、そう簡単に見つかるものではないからです。今回、敢えてデータを載せなかったのもそういう意図があります。なぜなら、種牡馬のクセを調べる上では、データは不完全だからです。高配当の馬がちょっと混じるだけで数字が変わってしまいますし、明らかなクセがあったとしても、データに表れないことが多いのです。

たとえば、ある種牡馬の成績が良かったとします。けれど、その成績で高配当を出している馬は実は母父のおかげだったりする。こういうことが多いため単純に種牡馬のデータを出すのは危険だと判断しました。

もちろん、私もデータは見ますが、データの持つ意味、なぜ好走しなぜ凡走したのかを理論的に説明できなければデータを見る意味はないと思っています。

本書ではキンシャサノキセキを延長が得意と定義しています。しかし、無責任と思われるかもしれませんが、きっと短縮で激走する産駒が出てくると思います。だからといってこの本が役に立たないとはすぐに判断してほしくありません。私はあくまで馬券的妙味を長期的スパンで考えてキンシャサノキセキを延長得意と定義したまでです。

競馬予想をする際は、このような例外も楽しんでほしいと思います。ハービンジャーは延長が得意。ブラストワンピースは短縮しか走らない。この本は嘘つきだと思うのではなく、例外の馬を見つけて有効に活用すればいいのです。その馬が延長が得意なのか、短縮が得意なのか。砂をかぶるのが苦手なのか、重馬場は得意なのか。そんなふうに馬一頭一頭のことを考えて予想することは非常に楽しいことですし、有意義な時間になるでしょう。

本書は、皆さんに考えるための道筋を示したい、そういう思いを込めて作りました。新種牡馬が次々出てきて、本書の内容が古くなったとしても、馬一頭一頭のことを考えて予想する習慣さえつけばいくらでも対応できるはずです。私にとって今井さんや亀谷さんの本がそうであったように、皆さんにとって本書が予想することが楽しくなる一冊になったとしたら、これほど幸せなことはありません。

——2019年8月　双馬毅

双馬毅
Tsuyoshi SOMA

2008年春から某キャッシングの5万円を原資に馬券生活をスタートし、ここ数年は1000万単位で勝つ年もザラとなっている。今井雅宏、亀谷敬正の熱心な読者でもあり、「彼らの理論を読めば、年に2000万は楽に勝てる」を実証した人物でもある。著書に『本当に1億円的中した! 双馬式【馬場・コース】ガイド』『2万円を競馬で1千万円にできる人・できない人』(KKベストセラーズ刊)などがある他、『競馬研究所』シリーズにも参加している。双馬毅の最新情報はオフィシャルブログをご確認ください。

http://ameblo.jp/batubatu-soma/

1頭の種牡馬の凄いクセをつかむだけで1千万円稼ぐ

2019年9月27日初版第1刷発行

著者　双馬 毅
発行者　松丸仁
デザイン　雨奥崇訓
写真　橋本健、三浦晃一
イラスト　ヤシ
印刷・製本　株式会社 暁印刷
発行所　株式会社 ガイドワークス
編集部　〒169-8578　東京都新宿区高田馬場4-28-12　03-6311-7956
営業部　〒169-8578　東京都新宿区高田馬場4-28-12　03-6311-7777
URL　http://guideworks.co.jp